JN067462

第2版
子供とともに歩む生徒指導

味 形　修

明星大学出版部

はじめに

　「生徒指導」と聞くと漠然として具体的なイメージを描きにくいかもしれない。私も最初のころは、生徒指導は児童生徒の問題行動の指導と考えていた。他には学校生活を送るうえでのルールをしっかり身につけさせ、守らせるための指導くらいだろうと理解していた。

　生徒指導は教科指導と異なるところがある。教科にはそれぞれの領域があり、そのなかで教科の専門的知識・理解を深め児童生徒に指導を行っていく。しかし、生徒指導は学校教育全体に係る指導で領域というよりは、児童生徒に働きかけるその働き、つまり機能自体が生徒指導ということになる。そして生徒指導の積極的意義は、「自己指導能力の育成」を通じて、個々の児童生徒の自己実現を図ることである。問題行動等の指導はそのなかの一つである。

　生徒指導の仕事は多岐にわたる。それらすべてを本書において網羅することは紙面の関係上できなかった。小学校での基本的生活習慣を身につける指導、「働き方改革」との関連で部活動の指導のあり方などに触れることができなかった。

　このために「生徒指導提要」、国立教育政策研究所の「生徒指導・進路指導研究センター」の研究や論文、調査など、さらに文部科学省の教育に関する施策等を、本書と併せて生徒指導を学ぶ際の参考にして知識や理解を深めることを期待する。

　本書では、生徒指導を中心に教員の指導における姿勢・態度、心構えをその都度盛り込んで読者の注意を喚起するように構成している。指導は児童生徒との信頼関係に基づかなければ効果がない。彼らとの人間関係のなかで信頼関係をどのように構築すればよいかは難しい課題だと考える。多くの教員はこの課題を解決するべく実践している。本書ではこの解決のために考えるべきことについて述べている。これから臨む教育実習の場で先輩教員の児童生徒との関わ

り方、指導を見て学び、改めて生徒指導の意義を見つめ直すために本書が役に立てれば幸いである。

　「握手」をするとき、右手を差し出せば、相手も右手を出しお互いに挨拶をする。それでは「手をつなぐ」場合はどうだろう。相手とつなぐ手は決まっているだろうか。隣の相手の左手と自分の右手、自分の左手は相手の右手と場に応じたつなぎ方ができる。こうしたつなぎ方を無意識に私たちは行っている。
　生徒指導はこの「握手」のような定められた方法も採る。また「手をつなぐ」ときのようにその状況から臨機応変に対応することが求められることもある。教員にとってはどちらもできなければいけない。「手をつなぐ」ことを私はどうやって覚えたのかはまったくわからない。生徒指導において、児童生徒と接する中で意識せずにその子供、場、条件などにあった指導ができることは理想かもしれないが、多くの教員が「手をつなぐ」ような指導ができることを期待する。
　そのために「生徒指導」に関する知識や理解を身につけておくことは言うまでもない。本書をそのために活用してほしい。
　最後に私が教員として仕事をする上で、常に自分を見つめ振り返り確認するためのことばを紹介しておく。
　○人間に関するすべてのことに興味を持ち、自律した者であること
　○自ら話すこと、そして行動を常に意識していること
　○自分に嘘をついていないか
　○諦えないこと（あきらめない、しかたがないと言わないこと）
　　（Rudolf Steiner "Erziehungskunst Methodisch-Didaktisches" の終わりの言葉より）

2024年1月吉日

味形

も　く　じ

第2版

子供とともに歩む生徒指導

味 形 修

第1章　生徒指導について

第1節　生徒指導とは

　生徒指導と聞くとどんな場面を想像するだろう。校則で決められている服装違反、欠席や遅刻に対する指導や授業中周囲の生徒への迷惑行為をして叱られたとか。学校生活でみんなが楽しく過ごすための決めごとに反する行動をイメージした人が多いのではないか。

　このような指導だけでなく、以下のようなことも生徒指導の対象として大切である。

1．登校時や授業の場面では、

　　朝の挨拶、始業終業時の挨拶にはじまり、席に着くこと、積極的に教師や仲間の話に耳を傾けること、さらには授業を通して獲得した知識や技能を活用して、どうしたら幸せになるのかを思い描くことなど。

2．道徳教育、特別活動、キャリア教育の場面では、

　　自己の言動や生活態度をより高めるための見直し、友人や異年齢の様々な世代の人と積極的に交流する機会を設け活動させること、将来に向けて自らの生き方や職業等について考えさせるなど。

3．特別支援教育や教育相談の場面では、

　　心ならずも他人に迷惑をかけてしまう児童生徒に向き合い、学校・社会生活にうまく適応できるようにすること、自分自身の悩みや他者との人間関係に傷ついた児童生徒を支援することなど。

（『生徒指導リーフNo.1』国立教育政策研究所、生徒指導・進路指導研究センター、平成27（2015）年3月、2版、著者要約）

　このような普段何気なく、当たり前のように行っている児童生徒への指導の
ほとんどが、実は生徒指導であることが示されている。また、これらのことか
ら学校教育活動の様々な場面で生徒指導が行われていることもわかるだろう。

　日常的な教員の生徒指導上の働きかけは、目の前の児童生徒の行動だけでな
く、将来の問題行動への予防行為としても大切なことである。

　すなわち生徒指導は、学校教育の場で「いつでも、どんな場所でも」行われ
る教育活動であり、過去から未来へと児童生徒の健全な心身の成長を促しなが
ら、学校教育活動全体で行われている。

　ところで生徒指導は戦後（昭和20（1945）年以降）の民主主義教育の下で導
入された。日本が戦争に負けて教育基本法や学校教育法が整備され、個人の尊
重、教育の機会均等を実現する新しい教育制度のなかでの導入である。アメリ
カからガイダンス理論と技術が入って、生活指導が学級集団づくり、仲間づく
りを指向するなかで生徒指導は発展していった。

　当初生徒指導は、児童生徒を正しく理解する方法、人格の指導、学級・ホー
ムルームにおける指導などを中心として考えられていた。

　表１-１は、終戦後から平成へと児童生徒の問題行動等の多様な様子を示し
たものである。昭和の時代における非行の第１、２、３のピークを見ることが
できる。第１の波は、戦後の社会的混乱と経済的窮乏を背景として非行が増加
した。第２の波は、昭和39（1964）年の東京オリンピック開催に向けた急激な
経済成長で都市への人口集中、享楽的風潮の広まりから、少年非行が誘発され
た結果である。そして第３の波の背景としては、経済的に豊かな生活の下での
核家族化や連帯意識の希薄化、価値観の多様化が挙げられる。このような状況
で青少年の刹那的風潮や克己心の欠如が広まり、少年を取り巻く有害環境の拡
大により、非行の低年齢化と一般化が進んだ。

　非行や問題行動の増加、多様化の傾向に対して、学校教育も関心を深め対応
策を講じなければならなかった。非行対策は、本来生徒指導の消極的な面であ
るが、当面大きな問題として扱う必要があった。

　戦後の混乱期からの急激な経済成長など、児童生徒を取り巻く環境の変化に
伴い、問題行動が多様化していくなかで、生徒指導の意義が改めて「生徒指導

表1－1 戦後の問題行動等の推移とその対応（生徒指導資料第1集改訂版を著者が改めて作成）

年度	問題行動等の動向	文部科学省（文部省）等の対応他
昭和 20(1945)		・終戦
22		・教育基本法、新少年法制定
26	・少年非行第1のピーク	
30	・少年の自殺増加　　高校進学率52%超	
38	・生徒による非行増加	
39	・少年非行第2のピーク	・「東京オリンピック」
40	・期待される人間像　　高校進学率70%超	・生徒指導の手引（生徒指導資料第1集）発行
41	・家出少年増加　・登校拒否（50日以上） 1万6000人超	・登校拒否（50日以上）調査開始
42	・シンナー乱用増加	
44	・学生紛争、高校生の反体制暴走拡大	
45	・少年非行低年齢化　　高校進学率80%超	・学級担任の教師による生徒指導資料・「大阪万博」
46	・性の逸脱行動、シンナー乱用少年補導増加	
47	高校進学率90%超	
49	・遊び方非行、暴走族、対教師暴力	
51	・初発型非行の増加	
52	・落ちこぼれ問題	・問題行動をもつ生徒の指導に関する資料
53	・虞犯（ぐはん）少年増加	
55	・校内暴力頻発、登校拒否増加傾向	
56		・生徒指導の手引改訂
57	・登校拒否2万人超、生徒間暴力増大	・校内暴力、高校中退調査開始　・小学校生徒指導 資料
58	・少年非行第3のピーク	・出席停止等措置の通知
59	・いじめ事件増加、登校拒否3万人超	
60	・いじめ事件増加	・「バブル経済」
61	・いじめによる自殺増加	・生活体験や人間関係を豊かなものとする生徒指導 資料
62	・薬物乱用増加	
63	・登校拒否4万人超	・校則見直し
平成元(1989)		
2	・ダイヤルQ2問題	・学校における教育相談の考え方進め方に関する資 料
3	・高校生非行増加・登校拒否（30日以上） 6万6000人超	・登校拒否（30日以上）調査開始　「バブル崩壊」

資料集第20集」で問い直され強調されたのが昭和63（1988）年である。

　非行等の問題行動への消極的な生徒指導に対して、平成の時代に入って改めて強調された生徒指導の積極的意義とは、「自己指導能力の育成」を目指すことであった。

　こうして現在の文科省発行の『生徒指導提要』（以下、「提要」）[1] において、生徒指導は以下のような内容となった。

　"生徒指導とは、一人一人の児童生徒の人格を尊重し、個性の伸長を図りながら、社会的資質や行動力を高めることを目指して行われる教育活動である。"（「提要」1頁）

　この内容は戦後導入された生徒指導の内容と本質的に異なるものではない。すなわち、「児童生徒の正しい理解から、人格の指導を学級・ホームルームを中心に行う」という考え方は変わらず、生徒指導の基本軸となっている。

　「人格の尊重」「個性の伸長」は、生徒指導のみでなく学習指導とともに学校教育全体のなかで行われなくてはいけない大切なものである。上述の定義につづけて「提要」では、"生徒指導は学校の教育目標を達成するうえで重要な機能を果たすものであり、学習指導と並んで学校教育において重要な意義をもつ"と述べている。さらに、「自己指導能力の育成」は児童生徒の自己実現を図るために、学校教育活動全体を通じて一層の充実が必要であると続けられている。

　「人格の尊重」は言いかえれば、当然のことであるが児童生徒の一人一人を「人間」として認めること、すなわち国や宗教、文化、性別、身分等によって差別することなく公平に指導することが求められる。

　「個性の伸長」は、個々の児童生徒の持っている能力を見出し、見極めて伸ばすことである。このためには学習指導を通して知識や技能、思考を高めていく。生徒指導では社会的資質を高め、行動力を育て伸ばすことになる。

　生徒指導という名称だが、「提要」では、生徒指導のほかに児童指導、生活指導という呼び名があることを踏まえたうえで、小学校から高等学校段階まで

1　文部科学省『生徒指導提要』教育図書株式会社、平成23（2011）年1月初版2刷

の体系的な指導の観点、用語として「生徒指導」に統一している。(「提要」3頁コラム)

　以下では、生徒指導の理論や実践、方法、対象となる児童生徒のことをまとめていくことにする。

第2節　生徒指導の意義と働き

(1)　積極的意義

　"生徒指導の本質は、すべての児童生徒の自己指導能力を開発すること"である。(文科省『生徒指導に関する教員研修の在り方について (報告書)』平成23 (2011) 年6月、以下「生徒指導教員研修」)[2]

　開発とは、児童生徒が

・基本的な生活習慣を確立する

・規範意識に基づいた行動様式を獲得する

・対人関係を築き、問題や対立を解決する

・向社会性[3] の豊かな人間へと成長する

よう促すことにある。(「生徒指導教員研修」3頁)

　ここに示された4項目はすべてこれから児童生徒それぞれが、社会人として生活するうえでの基礎となるものである。対人関係を築くためには、基本的生活習慣がしっかりと身についていなくてはならない。そのなかで学校や社会のルールや規則を守るための意識をもって、他者と一緒に学校生活等を過ごすという社会人の基礎を身につけていく。そのうえに人間関係等で生じる問題や対立関係の解決に向け努力する。こうして豊かな人間に向かって成長を進めていくことができる。

　ところで、生徒指導の「自己指導能力の育成」は、「提要」において、"各学

2　http://www.mext.go.jp/b_menu/shingi/chousa/shotou/080/houkoku
3　「生徒指導教員研修」に説明がないが、〈向社会的行動〉とは、"他人を助けること、他者に対する積極的な態度で、反社会的行動の反対語である"。

校においては、生徒指導が、教育課程の内外において一人一人の児童生徒の健全な成長を促し、児童生徒自ら現在及び将来における自己実現を図っていくための自己指導能力の育成を目指すという生徒指導の積極的意義を踏まえ、学校の教育活動全体を通じ、その一層の充実を図っていくこと”と述べられている。（「提要」1頁）

「自己指導能力」は、将来のための自己実現を図るための能力で、「自立」へと向かう力である。これを養成していく過程では、児童生徒が自らの課題を発見し、解決そして課題を乗り越えていくことが求められる。そのために周りの人々の支援も必要となる。支援を要請したり受けたりするためには、円滑な人間関係をつくることも必要となる。

「自己指導能力」は児童生徒の自己実現を図るために必要な能力ということであるが、「自己実現」はA.マズローの欲求5段階説によれば、最高位が自己実現の欲求である。人間の欲求を低次の欲求からみていくと、生理的→安全→社会的→自尊→自己実現となっている。低次の欲求が満たされて、より高次の欲求へと移っていく。生理的や安全の物理的欲求が充足されれば、より人間的な欲求へと向かう。

「提要」によれば、“自己実現とは単に自分の欲求や要求を実現することにとどまらず、集団や社会の一員として認められていくことを前提とした概念”と捉えられている。（「提要」1頁）

学校生活を通じて一人一人の児童生徒は友人や教員、その他の人々とかかわりながら、様々な場面で自己選択、自己決定を迫られている。自分の欲求が周りの人たちや状況から妥当なものかどうか、判断する必要がある。

児童であれば判断力よりは感性や感情が優先される場面も多いだろう。そのときに教員は適切な指導、支援を行う必要がある。また、中高生となれば今までの経験に基づき、考えられる行動のなかから自分なりに選択、決定をすることになる。

児童生徒の発達段階や発達状況を踏まえた個別指導による支援や指導が求められる。これに対して、集団指導の一つとして学級活動やホームルーム、特別活動や道徳の時間に、わかりやすく児童生徒に語り、働きかけながら、自主的

な行動を促すことも常に求められる。

　自己指導能力の育成は、「児童生徒の正しい理解から、人格の指導を学級・ホームルームを中心に行う」[4]という生徒指導が導入されたときの考え方がそのまま生かされていく。

　学校生活の中で個人、集団を問わず教育活動を行うなかで、児童生徒一人一人の「自己指導能力」の育成は、自己肯定あるいは自尊感情を高めていくことを前提とする。これはマズローの段階説からもうなずける。

　この育成は学校教育活動全体で一層の充実を図ることが明記されている。このなかには学習指導ももちろん含まれる。学習指導は生徒指導とともに重要な教育活動である。この二つの活動はそれぞれが独立した活動ではない。授業を行うためには生徒指導がしっかりされていること、生徒指導がスムーズにいくためには普段からの落ち着いた学習指導を通じた活動が不可欠である。

⑵　消極的意義

　ところで「自己指導能力」の育成を生徒指導の積極的意義とすると、消極的意義にあたる指導についても少し触れておく必要がある。

　昭和63（1988）年の「生徒指導資料集第20集」で改めて生徒指導について問い直された。なぜ問い直す必要があったのか。表1－1に示されたように、戦後の混乱期から高度経済成長を経て、社会環境の急激な変化のなかでその影響を受けた子どもたちの非行の問題は、学校やそれを取り巻く社会の問題としてないがしろにできなかった。盗み、暴力等の非行やいじめなどの問題行動である。

　生徒指導といえば児童生徒の問題行動への対処、と教員も含め保護者などもそう把握する傾向が強かった。また問題行動への対応、指導という点から、学校内においても担当教員に任せておけばよいという考えがあったことは否めない。

4　たとえば戦後の生徒指導に言及している、「生徒指導資料第1集（改訂版）」（第1章2頁、国立教育政策研究所　生徒指導研究センター　平成21（2009）年3月）

　上述したように、児童生徒の人格を尊重成長を促し支援するという生徒指導は、学校の教員だけでなく職員も含めた全員が行うこと、その中心の活動として学級活動、ホームルーム活動があるという戦後の生徒指導のスタートの考え方を改めて問う必要があったと言える。全教職員が学校教育全体の活動において行う生徒指導を「積極的」と呼ぶことに対して、問題行動への指導を消極的と称したこともうなずける。

(3)　機能としての生徒指導

　教育課程の各教科、特別活動、道徳や総合的な学習の時間は領域的活動として捉えられる。これに対して生徒指導は、学校教育全般にわたる機能的な活動として捉えることができる。

　学校教育全般にわたる生徒指導は、どこからどこまでの範囲（領域）ではなく、学校で行われるあらゆる活動で機能する（働く）ものである。授業や道徳、特別活動さらには教育課程外の休み時間や放課後など、すべての学校教育活動が生徒指導の機能する場所であり時間である。

　「提要」では、生徒指導の機能に触れて、教育課程との関係のなかで生徒指導の個別性として３つの機能に言及している。[5]

【生徒指導の３機能】

　①　児童生徒に自己存在感を与えること

　　児童生徒一人一人は個性をもった存在である。その個性をよい方向に向け発揮し、さらに伸ばしていかれるかが問われている。

　　教員が学級を集団として捉え注意を向ける授業、たとえば講義のような一斉指導のなかで、いかに児童生徒の個性や能力を引き出していかれるだろうか。そのために教員が心得ておかなくてはいけないことは、個人の成長は集団の中で行われている、ということである。学級集団のなかで、他者との関係を通して成長する児童生徒の姿を、できる限り正確に把握し認めていくこ

5　「提要」5頁参照

とが、教員には求められる。

　授業だけでなく、すべての児童生徒の活動にかかわる生徒指導を通して一人一人が「自己存在感」を感じられることが大切になる。学級のなかで仲間が自分を認め、自分も仲間一人一人を認められるように、どの子供にも教員は日々働きかけていくこと、そのためには、学級内の人間関係が大きくかかわってくる。

　たとえば学級のなかで孤立している子供には「自己存在感」が十分に与えられていないといえるだろう。教員はこのような子供の存在に気づいたらすぐに、お互いに相手を"認めあう"ような学級指導を行わなければいけない。

　小学校の低学年の子供たちは学級において、自分や自分たちと少しでも異なった姿や行動、表現をする人に接したり、教員の指示に従わないあるいは指示への反応が遅かったりする人に対して敏感に反応する。「変だ」「おかしい」と口々に騒ぎたて学級全体が収拾つかなくなる。若くて経験の浅い教員は困って、つい大声を出してその場を凌ごうとすることも少なくない。

　見知らぬものや人、初めての出来事などに接したときは、子供ばかりでなく大人も不安な気持ちから、子供同様に「変だ、おかしい」と感じるだろう。そして相手や事象に対して不安がつのれば否定的な気分が高まり、対象を拒む気分や差別の感情が現れる。

　今回（平成29、30（2017、2018）年）の学習指導要領の改訂において、発達障害や帰国子女、外国籍の児童生徒などの少数者（マイノリティ）への指導が具体的になった。学校教育にとって、相手の「存在」を認めることの重要なこと、必要性の強調だと考える。

② 　共感的な人間関係を育成すること

　学級経営では、小学校、中学校、高等学校どの校種においても、子供同士、児童生徒と教員の人間関係づくりが基本となる。

　この関係だけでなく、学校や学級内外にかかわるすべての人々ともよい関係を築いていくためには、相手への「共感」が重要である。小学校や中学校の義務教育段階では特に、仲間同士が共感しあい互いに認めあい、相互支援

11

のネットワークが構築されることが望ましい。高等学校ではさらに活動の範囲が広がり、学級の枠を越えて様々なネットワークの形態が考えられるだろう。

　学級では人間関係のよさを味わい、程よい人間関係づくりを行いながら楽しい毎日を過ごす経験を大切にしたい。この経験はその後の人生における人間関係の基礎となっていく。

　「共感関係」においては、年齢や身分などの個人の属性が排除される。相手を知りたい、相手を理解したいということを、誰もが感じそして願っている。この認識の下に「共感関係」をもって他者と接し、学級での人間関係ばかりでなく、学校でのさらには学校外の人々と人間関係を築いていくこと、そのために集団の基本である学級経営・ホームルーム活動を通した指導を行うことが、教員に求められている。

③　自己決定の場を与え自己の可能性の開発を援助すること

　児童生徒がどの年齢においても、学級や学校生活を送るなかで、自己の判断により実行した結果に責任をもって行動できることが大事である。このために特別活動やそのほかの活動を通して、係活動、委員会活動、児童生徒会活動、クラブ活動の場が学校教育活動において設定されている。

　自己判断と言っても、独りとは限らない。仲間と一緒に活動するなかで、自分の役割に応じた判断を下すこともあるだろう。この際には他者とのかかわりを考慮し、他者の行動等に留意した判断そして活動が求められる。これらの一連の流れのなかで、その時その場の判断や行動、さらに責任の取り方を学んでいくことが、児童生徒の成長には欠かせない。

第2章　生徒指導の目的、方法、課題

第1節　生徒指導の目的

　目的を簡潔に述べると、〈児童生徒の個性を尊重しその能力を伸ばすという「個性の育成（伸長）」と、社会で自立するための「社会性の育成」を行う〉ことになる。[1] この目的は生徒指導だけでなく、学校教育の目的である。さらに生徒指導は学校教育全体の活動として行われるという意義がある。

　生徒指導は学校教育全体で取り組む機能（働き）であって、教科が教科としての領域を持って指導の範囲が限れられているような指導ではない。生徒指導は領域概念として捉えることができない。指導がどんな働きをするのか機能概念として理解していく必要がある。

　たとえば「生徒指導リーフNo.1」[2] では、生徒指導は、"社会の中で自分らしく生きることができる大人へと児童生徒が育つように、その成長・発達を促したり支えたりする意図でなされる働きかけの総称"とある。さらに、"教職員が児童生徒に熱心に接していれば自然に生徒指導の目的が達成されていく、というわけではなく、生徒指導を行っている明確な自覚のもとに、適切に働きかけを行っていくことが"教員に求められていると言及されている（傍点著者）。

　熱心な指導を否定するものではないが、情熱だけでは指導はうまくいかない。情熱（パッション）とともに使命（ミッション）をわきまえた指導なしには、指導の成果があがらない。使命とは学校教育に求められていることをよく理解して、教員として行わなければいけないこと必要なことは何かを明確に意

1　「提要」18頁等参照
2　国立教育政策研究所、生徒指導・進路指導研究センター発行2版（平成27（2015）年3月）

識し実践できることである。

　たとえば、「いじめ」の指導において、いじめそのものの関係者への指導を行うのは勿論であるが、生徒指導を行うためには、生徒指導の 3 つの機能（10頁）を踏まえた指導が必要である。児童生徒の「自立」へ向けた意識的な指導を常に教員は心がけ、学校教育目標を達成するための意図的・計画的な取組を行っていかなくてはいけない。さらに日々の学校生活の中で生じる様々な生徒指導上の問題行動への指導も臨機応変に行うことも大切である。

　教員は指導の目的を意識し自らの行動や言葉の自覚を高めておかなくてはいけない。このことを確認したうえで、改めて生徒指導の目的に言及すると、目的は大きく二つに分けることができる。一つは、児童生徒の成長・発達を促し、豊かな人間性を確保することである。二つ目は人間関係における不登校やいじめ、非行など、社会の現実問題の解決とその予防を含めた指導である。「自己指導能力」の育成は言うまでもないが、一つ目にかかわる学校教育全体の活動を意識して行わなくてはいけない。

第 2 節　生徒指導の課題

　課題としての基本は「提要」にしたがえば、「児童生徒理解」「望ましい人間関係づくりと集団指導・個別指導」「学校全体で進める生徒指導」の 3 項目になる。言い換えれば、課題は、指導の対象である〈人間理解、指導の方法そして指導の体制づくり〉となる。順次触れていくことにする。

　今回の学習指導要領の改訂においては、児童生徒の発達支援そのための指導の充実を図ることから、小学校、中学校に加えて高等学校においても「学級経営（ホームルーム活動）」を重要視している。

　『中学校の学習指導要領解説総則編（平成29（2017）年告示）解説』では、

> 　学習や生活の基盤として、教師と生徒との信頼関係及び生徒相互のより
> より人間関係を育てるため、日頃から学級経営の充実を図ること。また、
> 主に集団の場面で必要な指導や援助を行うガイダンスと、個々の生徒の多
> 様な実態を踏まえ、一人一人が抱える課題に個別に対応した指導を行うカ
> ウンセリングの双方により、生徒の発達を支援すること。
> （学習指導要領第1章第4の1の（1）学級経営、生徒の発達の支援）

となっており、同様の内容が小学校、高等学校（今回新設）にも掲げられてい
る。

　小学校においては人間関係づくりの基礎となるのが、学級での人間関係であ
り、担任の学級経営の手腕がそこで問われる。中学校・高等学校では教科担任
制のもとで、小学校の学級（ホームルームクラス）のイメージとは異なる点も
あるが、信頼関係を基盤に置いた人間関係の構築を目標に置いた指導を行うと
いう点では変わりはない。

　「児童生徒理解」の大切さについては、小中高ともに「特別な配慮を必要と
する児童生徒への指導」の項目（第1章第4の2）において、多様なニーズを
もつ子供たちの指導へ細かな指導内容を規定していることがわかる。

　学習指導要領にも述べられている、学習指導と生徒指導が学校教育活動全体
のなかで両輪となり、教育目標に向かって学校教育を進めていく重要な役割を
担っている。

⑴　課題1「児童生徒理解」

　まずは、児童生徒の成長発達段階についての確実な理解のもとに指導を行う
ことが求められる。教員にとって子供を理解するに当たり、「見ない」「見えな
い」「見ようとしない」の3つの「not（＝ない）」を避けなければいけない。
「見ない」という現実、「見えない」という力量・能力不足、そして「見ようと
しない」という意志に気をつけ、教員自身が常に自らの人間関係で相手とのど
のようにコミュニケーションを図っているかなどを振り返る必要がある。

① 　児童期[3]

　6歳から12歳という心身共に成長が著しい児童期の子供たちは、全体として、感覚（感情）を主に働かせ周囲の人々や出来事、自然を認識している。小学校時代の６年間を低学年、中学年、高学年と大きく３つのグループに分けて、それぞれの課題をみていくことにする。

ⅰ）低学年

　感性を豊かに働かせ、身近な出来事に気づき、興味関心を示し体全体で感じ取り知覚している年代である。思考の働きは感情と未分化なところがあり、行動や言動ではまだ自己中心的なところも見られる。

　たとえば、学級のメンバーとの人間関係よりは、担任との人間関係を優先する。担任が授業で全員に話しかけている場面でも、担任の言葉は自分だけに語られていると感じとり応答する。それゆえ一人の児童が指名されたとしても、それを無視しているかのように、児童がそれぞれ口々に発言する場面がみられる。指名された児童との間にトラブルが生じることも少なくない。この状況のなかで、われ関せず、わが道を夢見ながら、学級での騒動なんてどこ吹く風の児童ももちろん存在する。児童それぞれが教員との１対１の関係を軸に過ごしている。

　さらに低学年の児童の特徴としては、プディングのように１か所をつつくと学級全体がゆらゆら揺れたり震えたりすると言える。たとえば、授業中に１人の児童が「先生、トイレに行っていいですか？」と尋ね、教員が「どうぞ」という場面があると、僕も私もと次々にトイレへ行きたがるという光景がみられる。授業中の落ち着いた静かな流れの中に、小石がひとつ投げられ波紋が広がるように、「トイレ」という言葉に学級全体が反応する。

ⅱ）中学年

　低学年で学習と生活の基礎づくりができ、生活科から社会と理科の学習が始まる時期である。みんなで一緒に活動した生活科から、一人一人調

3　『小学校学習指導要領（平成29（2017）年告示）解説総則編』を参照

べ、考えることが求められてくる。担任の指導も次第に抽象的な内容に近づいていく段階となる。

　ここで一番指導上気をつけ児童理解を深めておかなくてはいけないことは、児童それぞれの「自我」の発達である。自我の芽生えは3歳頃にはじまり、9、10歳の児童において自我が確立する。「自我の確立」のこの時期を文科省も「9歳の壁（危機）」と呼んで、小学校の発達段階における重要な時期と捉えている。[4]

　中学年の児童はギャングエイジ、徒党時代と呼ばれてきた。同じ興味や関心、同性同士での仲間集団ができ、他の集団や人と距離を置くようになる。また、親を友人の親と比べたり、担任と他の教員の行動や言葉遣いを比べて批判したりすることが始まる。自我の確立に伴い、自分と他人の違いを認識しだしている。したがって学級のメンバーとの距離も低学年と比べると一様ではなく、相手により近く又は遠くなってくる。

　人だけでなく、社会や自然の事象に対して、自分の興味関心や価値観からの距離を無意識にとっているといえる。

ⅲ）高学年

　今までの児童期よりも思考が抽象的になる時代で、授業の内容の理解が深まる。中学年の児童よりさらに、対象との距離を置き知的な分析力も高まってくる。それに伴い、他者を意識し人間関係の難しい面も現れてくる。女児は男児より身体の成長が早く思春期を迎える子供も多くなり、心身のバランスを考慮して行く必要がある。6年生は最高学年としての自覚と責任をもった行動を通して、下級生の模範となるようにと、どこの学校でも卒業を控えた彼らに対しての指導が強まってくる。その際には、自覚を促すために、児童一人一人へ心に響く言葉、態度や行動を教員は意識して心がけなくてはいけない。

4　以下の児童生徒の発達段階に関しては、文科省「子どもの発達段階ごとの特徴と重視すべき課題」（子どもの徳育に関する懇談会）などを参考にした。

② 　青年前期

　中学生が主な対象の時期である。思春期に入り、まわりの友人や親などと自分の内面の世界の違いを感じ気づき始める。様々な悩みや葛藤を経験しながら自分の生き方を模索し始める時期である。親子関係は反抗期を迎えて、児童期よりは希薄となり、コミュニケーションも不足する。反面、仲間との関係を大切にするが、他者との交流に消極的な面も生じてくる。性的成熟期に入り、性意識が高まり、異性への興味関心も高まる時期である。

　生徒指導上の問題行動が表出しやすいのが、思春期を迎えたこの時期の子供たちともいえる。不登校の数も中学生に入ると増加する傾向にある。法や決まり、ルールを守ること、公徳心の自覚を促すことが大切な時期ではあるが、指導に対して決して反抗するような態度は見せないが、かといって教員の指導をその場で理解したようでも、時間が経つと規範意識が薄れてしまう者も少なくない。この中学生の時期の生徒を「脱・社会的」行動の生徒たちとも見ることができる。[5]

　他者を意識することと自分自身を見つめることのアンバランスな時代の生徒たちには、自分自身をしっかり見つめていくことの大切さをくり返し伝えていくことが大切である。

③ 　青年中期

　高校生が対象となる時期である。

　親（の保護）から、社会へ参画し貢献するために、自立した大人へと成長する移行時期といえる。中学生時代と異なり、思春期の混乱から脱していきながら、大人社会への希望や展望を開いていかれるようになる。これからの将来どのように社会で生きていくのか、自分の能力や性格などを見つめながら真剣に考え模索する時期といえる。

　以前は「モラトリアム時代」と呼んでいたが、現在の社会では大人社会へ

の直前の準備時期のこの時期の子供たちが、将来を真剣に考えることを拒むのか放棄しているのか、目の前の楽しさのみを追求する利那主義的な生き方を示す傾向もみられる。

　反面、起業家として経済的自立へと一歩を歩み始める者たち、ボランティア活動を通してアイデンティティの確立を真剣に模索する者も少なくない。

　2030年問題、AI（人工知能）の発達により予測がつかない将来の社会が到来する。そのなかで、仕事に就き家庭をもち自立した生活を送るために、どのように現在を踏まえて自らの進路を選べばよいか、子供たちの前にある課題解決をどう指導できるか、「キャリア教育」が重要になる。

　一人一人が自分を見失わずに、人間としての大切な心（敬意や感謝、そして愛）を忘れずに人間関係を築くことの大切さを、教員は伝えていかなくてはいけない。AIやIoTで結ばれる人間関係のなかでは、対面のコミュニケーションのあり方を追求していくだけではなく、インターネットを介在するコミュニケーションが主流となるだろう。そのなかで各々が自らの個性（オリジナリティ）を伸ばし、価値観とセンスを高め、インターネットによる発信のなかで相互関係をいかに築くかが課題ともなるだろう。

　そんな社会で、自らの生き方について考え、主体的な選択と進路の決定を迫られる社会の一員としての自覚を持った行動が期待されている。

(2)　課題2「集団指導・個別指導」

①　生徒指導の機能（働き）を担う指導方法の原理

　集団指導・個別指導の方法原理は、生徒指導の3機能を十全に働かせるために大切なものである。

　二つの指導は、"集団指導を通して個を育成し、個の成長が集団を発展させるという相互作用により、児童生徒の力を最大限に伸ばすことができる"という関係から、指導原理が導かれている。[6]

　相互作用では二つの指導のバランスを考えた指導が行われていく必要があ

6　「提要」第1章第4節の1　集団指導と個別指導の意義

19

る。その際に問われるのは、「『個』それとも『集団』どちらを優先した指導を行うか」ということである。学校教育のなかでは、「個」を尊重し個性の伸長を願い児童生徒それぞれの成長を支援している。集団活動においては「みんな一緒」という考えの下で指導も行われ、集団生活上の様々なルールを守ることを基本に学校生活を送るという規範意識の醸成がある。

　中学生は、大人への成長の途中で自分の心の成長と身体の成長のアンバランスに悩み、葛藤しながら生活している。学校生活においては生徒としての行動を求められる「生徒化」[7]のなかで、「みんないっしょ」の行動を求められるとともに、「ひとりひとり」を活かした能力の伸長により、自分の価値を高めることも求められ、矛盾した状況のなかで学校生活を送っている。

　これを苅谷氏は、"個性尊重をベースとした「ひとりひとり」の原則は、昔からの「生徒化」とは逆の方向を向いています。…だれであれ「生徒である」という共通点をもとに、「みんないっしょ」にやってきた。…もっと、ひとりひとり違った生徒になることが許されるのです。「ひとりひとり」を大切にすることが、どうやったら「みんないっしょ」と対立することなく、調和できるのか。"

　苅谷氏だけでなく、"(「提要」において) 児童生徒の社会性と個性の関係は、必ずしも明らかにされていない"[8] (カッコは引用者) と個性と社会性の両面を確保しながらの指導の難しさが指摘されている。

　この難問題に常に直面しながら、教員は生徒指導を行うことが求められている。大切なことは、生徒指導の3機能のひとつ「自己存在感」にあると考える。

　今回の学習指導要領改訂では、多様な子供たちの存在を認めた指導方針が述べられている。個性の尊重は指導者側の課題だが、私たちは自分の個性を他者と一緒に生きて生活するなかで確認している。したがって、社会性を育

7　この表現と「ひとりひとり・みんないっしょの原則」は、苅谷剛彦『学校って何だろう』ちくま文庫、2005年参照
8　渡部芳樹『生徒指導の方法原理の枠組み』257頁　流通経済大学紀要

て社会の中での生き方を身につけていく前提として、一人一人の個性ある人間性を認めその存在を受け入れていくことが必要である。

　「個」と「集団」を対立した概念でとらえず、両者を統合して学校という場における教育活動のひとつの対象と捉えていくことができるのではないか。このような考えのもとで、まず個への指導があり、その上で集団の指導さらに集団指導を通して、改めて個の指導をよりよいものにしていくイメージを描くことができる。

②　集団指導・個別指導の意義
　「提要」では二つの指導を次のような図表で説明している。
　図の重なる部分には、「成長を促す、予防的な、課題解決的な」指導の3つがある。この3つは生徒指導における目的と説明されている。「提要」では、それぞれの意義に言及し指導の目的に触れられている。この3つの項目は個別指導の目的としてのみ書かれているが、もちろん集団指導の目的でもある。

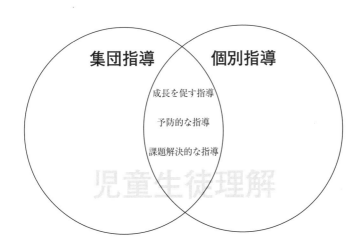

図2－1　集団指導と個別指導の指導原理（文科省『提要』）

◎二つの指導の意義

「提要」の意義をここで並べてみる。

集団指導：“一人一人の児童生徒の個性や能力を伸ばすことと、社会性を
　　　　　はぐくむこと”

個別指導：“一人一人の児童生徒のよさや違いを大切にしながら、社会で
　　　　　自立していくために必要な力を身につけていくことに対して支
　　　　　援すること”

二つの指導はどちらも「個性の育成」と「社会性の育成」を目的とした生
徒指導から導かれたものである。[9]

(3)　課題3「生徒指導体制」

①　学校における生徒指導体制

児童生徒の健全な心身の成長発達の支援、一人一人の自己指導能力を育成
することを通して、現在そして将来の自己実現を図ることが生徒指導には求
められている。このために学校教職員全員が一丸となって取り組まなければ
ならない。それには生徒指導体制を確立することが必要となる。生徒指導は
学習指導と共に学校教育目標を達成するための両輪となって、学校の教育活
動全体を通じて行われる。学校の中でどのような位置づけをされているの
か、生徒指導も学習指導と同様に年間の指導計画に基づいた活動を行ってい
く。このような指導において、教員がどのように組織され日々の業務をこな
していけばよいのか、学校内の生徒指導体制をみていくことにする。

「提要」（第4章学校における生徒指導体制）では、1. 生徒指導の方針・
基準の明確化・具体化、2. すべての教職員による共通理解・共通実践、3.
実効性のある組織・運営の在り方が述べられている。

この指導体制の基本の考え方を踏まえて、各学校において校長の学校経営
計画の下に、どのように学校教育活動が運営されているか、学校教育全体の
中の生徒指導の位置づけを示しているのが図2−2である。

9　第2章 第1節 生徒指導の目的（本書13頁）

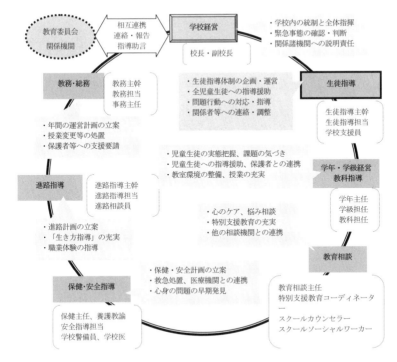

図2−2　生徒指導の学校教育活動における位置づけ（文科省『提要』）

　図の中の《教務・総務》《進路指導》《保健・安全指導》《教育相談》《学年・学級経営、教科指導》《生徒指導》は、校務分掌と呼ばれている。

　校務分掌とは、"学校教育の効果を上げるため、学校運営に必要な校務を校長が所属職員に学校全体を見通して分担し、処理していくこと"と「提要」で説明されている。（学校教育法施行規則第43条、79条、104条等）

　教育目標を達成するための円滑な教育活動のなかで、教職員それぞれが役割を分担しながら業務に当たっている。上記のほかにも「提要」にあるように、各学校長の考えや方針等により分掌名はほかにもある。

　"生徒指導体制というのは、生徒指導部など校務分掌、学級担任・ホームルーム担任や学年の連携、学校全体の協力体制、校長のリーダーシップ、教職員の役割分担とモラール（意欲や道義心）、さらには関係機関との連携な

ど、各学校の生徒指導の全体的な仕組みや機能を表しています。"[10]

　生徒指導体制は学校ごとに、学校の特徴や児童生徒の実情、保護者・地域の状況、連携する諸機関や施設など、学校に関係するすべての人や物の環境により多様なものとなる。学校に限らず人々がある目的のもとに集まって活動をするコミュニティで一番重要なことは、メンバー同士の関係性である。発展的で創造的なコミュニケーションが確立しているかどうか、メンバー全員が気持ちよく活動ができているかどうかは組織づくりの必要十分条件である。

　学校における生徒指導体制の構築をより完全なものにするためには、教職員がお互いの役割や業務分担を十分理解し、助け合い、創意工夫していこうとする支持的かつ協働的な人間関係が大切である。

【組織の運営〜メンバーが気持ちよく活動できるために〜】

　学校内そしてつぎに触れる学校外の施設や機関との連携・協力のために、組織のメンバーがお互いの能力を発揮しながら、組織の発展に貢献できるための組織づくりの基本となる考え方を紹介する。

　以下の二つはどちらも朝日新聞朝刊に連載されている『折々のことば（鷲田清一編）』である。

(1)　「用もないのに行く、顔を出しておきたくなる場所がコミュニティだと僕は思うんです。」津田大介　1356

　　　"コミュニティが持続する条件は、人々が目的や価値観を共有することではない。「なんとなくみんな顔見知り」でかつ思いがけず面白いことが起こること。それには、外の人間を迎えること、各々が自分のこだわりを他の人に「翻訳」することを楽しいと思える素地が不可欠だとジャーナリストは言う。"美術家・小山田徹との対談「集まりは可能か?」(「ASSEMBLY」02号) から。2019.1.25

10　「提要」第4章 第6節 全校指導体制の確立（88頁）

(2) 「地域での活動の入り口には、「正しさ」ではなく「楽しさ」が必要なのです。」山崎亮　1421
　　"地域包括ケアにおいては、職業意識で動く医療職と余暇を割いて動く住民との間にずれがあると、コミュニティデザイナーは言う。さほど関心がない住民にも参加してもらうには、合理的理由より先にまずは「面白そう」と感じてもらわねば。やがて「もっと知りたい」となった時が医療職の出番だと。"インタビュー《「ケアするまち」をつくる》（「週刊医学界新聞」3月25日号）から。2019.4.2

　人が集まるコミュニティという組織では、気楽さ、面白さ、楽しさが組織づくりの基本であるということが言われている。学校内の体制、学校外との連携体制においてもこの基本を重視した構築が必要だと考える。
　このような条件のもとに学校でも教職員一人一人の役割が決められている。それが校務分掌と呼ばれるものである。生徒指導に関しては生徒指導部（小学校では生活指導部とも呼ばれる）に属する教員が中心になり、学校の体制づくりを行っている。
　強固な生徒指導体制をつくるには、教職員の生徒指導に関する普段の研修が大切である。生徒指導主事や生徒指導担当主任は、生徒指導に関する専門的知識・技能・経験を有しているが、〈いきなり型の犯罪、不特定多数を傷つける問題行動、振り込め詐欺、出会い系サイトによる性非行、脱法麻薬の売買、ネット犯罪など〉に十分に対応できるだけの準備や経験を積んでいるわけではない。こうした問題に対して、関係機関等との連携、学校間の協力を深めることが必要である。[11]

---

11 「提要」124頁〜　図表5−4−1（専門機関のスタッフと内容）

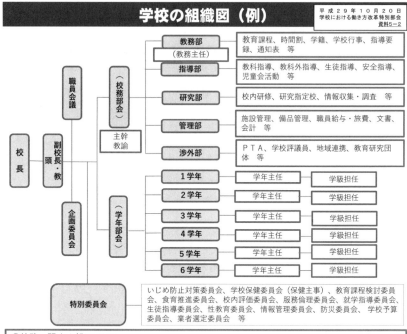

○校務に関する部について
・設置する部の数や区分については学校の実情に応じて異なっている。
・部の数については、概ね3〜5程度の部に分けている学校が多く見受けられるが、10近くに細分化している学校もある。
・各部の下には係を置く学校と、係を置かずに各担当を置く学校がある。
・係の数や担当分掌の数は、学校規模に関わらず大きく異なっており、20以上に細分化している学校もあれば、概ね10以内にまとめている学校もある。

○特別委員会について
・特別委員会については、いじめ防止対策委員会など法令に基づき設置しているものや、国や都道府県からのガイドライン等に基づき設置しているものに加え、各学校の実情に応じて設置しているものもある。
・こうした状況のため、各学校に設置している特別委員会の数は、学校の規模に関わらず大きく異なっており、10以上の委員会を設置している学校もあれば、5以下の委員会数の学校もある。

○1人の教員が担当する業務について
・学級担任や教科担任のほか、校務に関する分掌、特別委員会の委員の役割、中学校においては部活動の顧問を担っているケースもある。また、分掌を細分化している学校や委員会を多く設置している学校では、1人が多くの分掌や複数の委員会を担当し、10以上の役割を担当しているケースもある。

図2−3−①　学校の組織図（例）小学校（文科省）

学校組織図（A中学校の事例）

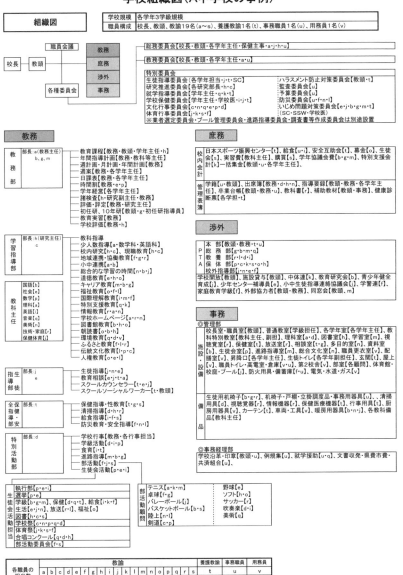

図２－３－②　学校の組織図（例）中学校（文科省）

　例えば不登校やいじめ、暴力行為などの問題行動が発生した場合は、生徒指導部の担当者責任者を中心として、問題行動に即した対策委員会を立ち上げ解決に当たる。

　行動の予防も大変重要な活動である。「いじめ問題」に関して言えば、『いじめ防止対策推進法』が制定[12]されてから、〈重大事態〉だけでなくいじめの予防対策のため基本方針、ガイドライン、いじめ問題対策委員会の設置などを学校設置者及び学校に対して作成、設置を義務づけた（各地域教育委員会のホームページ参照）。

　いじめなどの問題行動への対応や予防のほかに、「成長を促す指導」という大切な役目がある。教職員の共通理解と児童生徒に関する情報共有が重要になっている。

　このために生徒指導は教職員全員が、指導のブレをなくし児童生徒への指導を一枚岩で行っていく必要がある。指導体制の構築が重要なものになる。

　とかく従来は、生徒指導は担当の教員が行うことで、担当でなければ、生徒指導に関する情報や指導内容や方法への意識が高まりにくかった。校務分掌の短所ともいえる。与えられた役割以外の仕事への関心が低くなりがちになる。

②　学校外の関係者・施設・機関との連携

　学校と学校外の人々との連携について文科省の新たな取組が推進されている。この項では「提要」第6章第1節の〈関係機関等との連携〉の記述[13]を参考に触れていく。

　多様化、複雑化した児童生徒の問題行動等へ対処し指導を行うために、学校内の教職員では十分な対応ができない。スクールカウンセラー、児童相談所、スクールソーシャルワーカー、警察、医師などの外部の専門家と連携協

12　平成25（2013）年制定され、これに基づき文科大臣が「いじめの防止等のための基本方針」を定め、重大事態への対処について学校やその設置者に調査方法や留意事項等を示した。

13　［提要］第6章第1節「組織的対応と関係機関等との連携」127頁以降参照

表２－１－①②　「地域と学校の連携に係るこれまでの主な経緯」（「教育再生実行会議」）

家庭・地域の教育力	地域と学校の連携に係るこれまでの主な経緯
平成8年：	【中教審答申「21世紀を展望した我が国の教育の在り方について（第一次答申）」（平成8年7月19日）】 ○都市化や過疎化の進行、地域における人間関係の希薄化等から、地域社会の教育力の低下　などを指摘
平成10年：	【生涯学習審議会答申「社会の変化に対応した今後の社会教育行政の在り方について」（平成10年9月）】 ○完全学校週5日制への移行等に向けた地域社会の活性化と地域の教育力向上の必要性　などを提言 →　平成14年4月から完全学校週5日制。
平成12年：	【教育改革国民会議報告「教育を変える17の提案」（平成12年12月22日）】 ○地域の信頼に応える学校づくりを進めるため、積極的な情報公開によって地域への説明責任を果たすこ とや、学校評議員制度などによる地域住民の学校運営への参加　などを提言
平成16年：	○「地域子ども教室推進事業（地域教育力再生プラン）」を開始。地域の大人の教育力を活かし、子供た ちの放課後や週末における体験活動や地域住民との交流活動を支援。
平成18年：　教育基本法改正 ・学校・家庭・地域はそれぞれの役割と責任を自覚するとともに、相互の連携・協力に努める（第13条）	
平成19年：	【教育再生会議「第一次報告」（平成19年1月24日）、「第二次報告」（平成19年6月1日）】 ○地域の子供を地域ぐるみで育むこと、子育て家庭や親の学びを地域で支援すること　などを提言
同年：	【第一期教育振興基本計画（閣議決定）（平成20年7月1日）】 ○「学校・家庭・地域の連携・協力を強化し、社会全体の教育力を向上させる」
平成19～21年：	○「放課後子供教室」「学校支援地域本部」等を順次開始。
平成26年：	○放課後子供教室と放課後児童クラブ（厚労省）の一体的な取組を推進する「放課後子ども総合プラン」 を厚労省と共同で策定。
平成27年：	○「地域未来塾」を開始。中高生を対象に、学生や元教員等の地域住民の協力による原則無料の学習支援 を実施。
平成27年 ～28年	【中教審答申「新しい時代の教育や地方創生の実現に向けた学校と地域の連携・協働の在り方と今後の推進方策について」（平成28年12月21日）】 【「次世代の学校・地域」創生プラン（文部科学大臣決定）」（平成28年1月25日）】 ○幅広い地域住民等の参画により子供の成長を支える「地域学校協働活動」の推進。地域と学校が連携・協働 して地域学校協働活動を推進する体制の「学校支援地域本部」等を「地域学校協働本部」へ発展。 ○地域住民や学校との連絡調整等を担う地域コーディネーターの配置の促進等　などを提言

家庭・地域の教育力	地域と学校の連携に係る主な施策

放課後子供教室

○すべての児童を対象として、放課後や週末等に、地域住民の協力を得て、多様な体験・活動プログラム（学習支援、地域の伝統文化、芸能活動、自然体験、スポーツ等）を提供。

【実施主体】主に市区町村の教育委員会（社会教育担当）
14,392教室（平成27年8月現在）

学童保育（放課後児童クラブ）

○民間等により行われていた、いわゆる「学童」が、平成9年に「放課後児童健全育成事業（放課後児童クラブ）」として法制化（児童福祉法第6条の3第2項）

○仕事等で保護者が家庭にいない児童に対し、授業の終了後等に余裕教室や児童館等を利用して遊び及び生活の場を与え、健全な育成を図る。

【実施主体】市町村、社会福祉法人、父母会など
【設置状況】全国22,608か所（公営8,631か所、民営13,977か所）
登録児童数　1,024,635人
（平成27年5月1日現在（厚生労働省調べ））

放課後子ども総合プラン

○全ての就学児童が放課後等を安全・安心に過ごし、多様な体験・活動を行うことができるよう、同一敷地内で「放課後子供教室」放課後児童クラブ」共通プログラムを実施するなど、一体的に推進

	放課後子供教室（文科省事業）	放課後児童クラブ（厚労省事業）
対象	すべての児童	留守家庭の児童
提供内容	学習、運動、交流活動等の機会	遊びや生活の場
指導者	地域の協力者等	放課後児童支援員（専任）
H28年度予算	52.5億円の内数	582.7億円
箇所数	14,392教室（平成27年8月現在）	22,608か所（平成27年5月現在）

○平成31年度末までの目標
・全小学校区（約2万か所）で一体的に又は連携して実施
・そのうち1万か所以上を一体型で実施
※取組の加速化を図るため、平成30年度に前倒して実施するための方針を策定

学校支援地域本部（地域学校協働本部）

○地域住民等の参画により、学校の教育活動を支援する仕組み（本部）をつくり、様々な学校支援活動を実施（平成20年度より文部科学省委託事業）
【活動の例】学習支援、授業補助、部活動支援、通学路の見守りなど

○子供たちの学びを支援するだけでなく、活動を通して地域のつながり・絆を強化し、地域の教育力の向上を図る

○平成27年度の実施状況は4,146本部（全公立小・中学校の30%）

○平成28年度より、従来の学校支援地域本部や放課後子供教室等を基盤に、幅広い地域住民等の参画により子供の成長を支える「地域学校協働活動」を推進する新たな体制として「地域学校協働本部」への発展を促進

地域未来塾

○家庭での学習習慣が十分に身についていない中・高校生等を対象に、大学生や教員OB等の地域住民の協力による原則無料の学習支援（平成27年度より開始）

【支援者の例】・教員を志望する大学生などの地域住民
・学習塾などの民間教育事業者
・NPO法人　など

○平成31年度末までの目標数
・平成28年度　3,000中学校区　新たに高校生の支援に着手
・平成29年度　4,000中学校区　高校生支援を推進
・平成31年度　5,000中学校区　高校生支援全国展開
（公立中学校の半分程度）

力しながらよりよい指導法を選択、実践していく必要がある。

　たとえば不登校児童生徒の事情は千差万別で、該当する子どもにおいてケース・バイ・ケースの様々な指導法が存在する。専門家の意見を参考にしながらチームとしての指導・支援を確立する必要がある。

　表2−1−①②でみるように21世紀のわが国の教育を文科省の様々な会議で検討するなかで、公立学校の地域性を大切に〈地域での子育て〉を学校を軸に見直し、これからの社会を担っていくために子供たちの成長発展を支援するという計画が立てられた。「地域」「学校支援」の言葉がみられる。平成27，28（2015，16）年には後述（90頁〜）する「地域学校協働活動」が推進されている。

　「提要」で"チームによる支援"に言及している。問題行動への組織的対応の有効な手段として取り上げられている。しかし問題行動だけでなく、学校教育全体への地域のかかわりの重要性が指摘されている。学校にとっては地域の人々や機関等の支援は大変ありがたいことでもある。いじめ等の問題解決については、学校運営の厳しい評価にもつながり、学校はアンビバレントな複雑な状況下にあるともいえるだろう。

　どちらにせよ、学校と保護者や地域との連携協力を推進することは学校教育では不可欠なことであり、学校経営・運営面においてこの連携を考えていくことは校長をトップとした管理職の手腕が問われる。その他の教員は連携の最前線で保護者や地域の外部講師、さらに警察署や児童相談所等との情報交換を行っていくなかで、コミュニケーションを図ることの結果が児童生徒の指導にそのまま反映することを自覚しなくてはいけない。教員にとっては授業が一番大事なことであることは間違いない。その指導と同じように生徒指導へ力を注ぐ実践力が期待されている。

　「提要」では異校種間の連携にも言及している。キャリア教育の章でこの連携を取り上げるが、教員として認識しておくこととしては、小学校教員であれば保育園・幼稚園等との就学前の子供の状況把握とそれら施設等との情報のやり取りを踏まえた指導、さらに中学校への情報提供の必要性と重要性だろう。

　"高等学校では、生徒の能力・適性に応じた教育が受けられるような多様な学校が設置されるなどの取組が進められていますが、中途退学の問題などがあります"（「提要」131頁）とあるように、中学校から高等学校への生徒に関する指導状況の申し送りのなかで、進路指導に関する一人一人の生徒を理解した将来の進路設計を踏まえた内容も教員が認識し、情報提供をしなくてはいけない。ただし進路指導が「出口指導」にとどまってはいけない。

　学校と地域との連携では、生徒指導の消極的指導や進路指導だけでなく、学校教育全体で学校からの発信と共に、つねに地域の人的物的環境等を把握し地域の人々の発信を受け止めた学校運営が期待される。その活動には全ての教職員がかかわり責任を持たなければいけない。

第3章　自立

　「自己指導能力」の育成を通して、児童生徒一人一人が自己実現を図ることで、社会的資質能力や行動力が高められ、社会の「自立」した一員として将来社会のために活動できることが期待できる。この「自立」について考えてみたいと思う。[1]

　たとえば、家庭の保護者が幼い子供に対して、「自立」してほしいと思うことは、朝ひとりで起きて、顔を洗い、食事をして歯を磨き、着替えて園や学校へ行く。帰ってくればうがいや手洗いを自ら行い、宿題を言われなくても進んで行いその後に遊ぶ。また身の回りの整理整頓や片づけなど、いわゆる生活習慣が身についていることを保護者は望み、それらができれば自分の子供が「自立」したと思う。

　思春期青年期を迎えた中学生や高校生であれば、学習や生活面での課題、トラブルを抱えたときは、保護者に頼らず問題を解決し乗り越えていくことや保護者以外にも相談に乗ってくれる人がいて、とりあえずトラブルを避けられれば、ある程度「自立」したと保護者は思うだろう。

　保護者の思い通り、望むとおりに子供たちが自らできることは、彼らが成長する過程で大切なことである。

　児童生徒一人一人の自己実現を達成するために「自己指導能力」を育成する。この能力を身につけていくためには、「自分がやりたいこと」を自分で見つけられることが必要である。小さいころから言われたままそれをこなして「いい子」であれば、自己実現を図るために自分を律し、自主的な活動を行い、問題解決から次のステップにつなげていくことができるのだろうか。

1　キャリア教育の章において、『千と千尋の神隠し』を参照しながら「自立」に言及している。

　子供が自ら挑戦することに口をはさまず見守り、失敗したときはいつでも手を差し伸べられる保護者として、子供とかかわっていく距離感が重要ではないか。保護者同様に教員も指導においてこの距離感（次頁＊参照）を持つことは大事なことだと考える。

　「自立」を辞書で調べると、"他からの支配や援助を受けず、自分の力だけで物事を行うこと。ひとりだち。"と載っている。[2]

　他者からの支配や支援、援助を頼まずに、自分の力で行う「自立」には、経済的自立や生活・社会的自立、精神的自立など、その人の置かれている立場や状況に応じた使われ方がある。

　「自立」をどう捉えるかは、「自己指導能力」の育成を目指す生徒指導にとって大切なことである。そこで鷲田清一氏の次の文章を「自立」を考えるうえで参考にしたい。

　"だれにも頼らないというのはひとには不可能なことである。…「自立」というのはだから、いざというときにいつでも相互支援のネットワークを使える用意ができているということにほかならない。そう、インターディペンデンス（interdependence＝相互依存）の仕組みがいつでも使えるということである。"[3]

　人間は誰にも頼らないということは不可能なのだから、困ったときに頼める人が周りにいるように、「いつでも相互支援のネットワーク」を使えるような人間関係を構築しておくこと、それが「自立」には必要だと鷲田氏は言うのである。

　この鷲田氏の考え方に立てば、学校での指導に限らず、どうしたらいいのか立ち往生して困っている児童生徒に対して、「自分のことは自分で考えなさい！」と一方的に突き放さずに、「誰か助けてくれる人はいない？」「私で役に立つことはないかな？」などと、声かけができるだろう。声かけもせずにただ黙って悩み不安を抱えている子供のわきに座ることもときに必要となるだろう。

2　『明鏡国語辞典』大修館書店、2009年

3　鷲田清一『しんがりの思想 反リーダーシップ論』角川新書、2015年、33頁

　何でも自分ひとりの力で行える人はきっといない。困ったときに誰か助けてくれる人が周りにいること、頼める人の存在の大切さを意識して行うことが、人間関係の円滑な構築につながっていくだろう。

　「ひとりで頑張れ！！」だけでなく、「あなたを助けてくれる大切な人を一人でも多く持ちなさい！」と子供たちに声を掛けていくこともいいだろう。頑張れ、と個別指導するよりは日頃から学級全体に「大切な人を見つけなさい！」と集団指導を行うことが効果を上げることを考えてもいい。

＊指導における「距離感」について～柳田邦男「2.5人称の視点」～

> "このような（ターミナルケアの取組における、引用者）林教授や看護婦たちの患者・家族への接し方の根底にあるのは、「二・五人称の視点」とよぶべきヒューマニティのある専門家意識ではないかと、・・・患者に対する家族の接し方は、まさに「二人称の視点」を基盤にしている。これに対し、医療者が家族同様の感情をもったら、冷静で客観的な判断ができなくなる。かといって、科学的な目でしか患者を見ない乾いた「三人称の視点」では、家族・患者とのコミュニケーションにうるおいがなくなり、信頼関係すら危うくなる。・・・つまり科学的・客観的な判断と行為ができると同時に、苦悩する患者・家族に寄り添うことを大事にする接し方という意味で、「二・五人称の視点」という新しいキーワードを提唱しているのだ。"
> （柳田邦男『言葉の力、生きる力』新潮文庫、2005年　189頁）

　柳田氏の「2.5人称の視点」に立つ他者との関係性は医療従事者と同様に、教員にもあてはまるだろう。「2.5人称」の距離感を意識した子供とのかかわり方とは、どのようなかかわり方になるのか。家族ではなく、かといって第3者のような者でもない存在とは？「2.5人称」を意識しながら実践を通して教員は子供とのかかわりの中で、保護者とは異なった自らの存在を確認していく作業を続けていくことが期待されている。

第4章　問題行動

　平成16，17（2004.5）年に児童生徒による重大な事件が発生したため、「新・児童生徒の問題行動対策重点プログラム（文科省）」では、規範意識の醸成の観点から生徒指導の見直しの必要性が指摘された。

　平成18（2006）年の教育基本法改正、19（2007）年の学校教育法改正では、規範意識を育むことが義務教育の目標となった（第21条）。この時期は学校教育における大きな転換期であった。

　今回の学習指導要領改訂においては、AI（人工知能）の発達を踏まえた教育課程の内容編成が行われた。教科書の内容もこれに伴い変化している。さらに教職員の「働き方改革」の推進によって、生徒指導を含めた学校教育の指導内容、方法、教員に求められる資質能力も改めて問われることになった。

　平成29（2017）年度の文部科学白書第4章初等中等教育の充実、第8節いじめ・不登校等の生徒指導上の諸課題への対応[1] において、"日常的な指導の中で、教師と児童生徒との信頼関係を築き、全ての教育活動を通じて規範意識や社会性を育むきめ細かな指導を行うとともに、問題行動の未然防止と早期発見・早期対応に取り組むことが重要" であると、生徒指導の在り方に言及している。

　ちなみに文科省の毎年の問題行動調査が平成28（2016）年度から『児童生徒の問題行動・不登校等生徒指導上の諸課題に関する調査』に変更された。"不登校というだけで問題行動であると受け取られないよう配慮" するという説明

1　文部科学白書（PDF版）171頁

がされている。[2] 不登校を「問題行動」の章で取り上げ説明することは文科省の考えに反するかもしれないが、本書では従来通りこの章で扱うこととする。

　規範意識の向上は重要な課題であるが、道徳教育や特別活動等の充実が意識向上に簡単に結びつくとは考えられない。国立教育政策研究所が行った調査研究の結果から見えてきたのは、指導を行う教員の取り組む姿勢、教職員間の実際の指導の認識をどう共有し、自主的に指導に取り組んでいくか、さらに地域の中学校区を対象とした継続的な指導態勢の検討・実践が求められている。[3]

　生徒指導と聞けば、問題を起こしたあるいは起こしそうな子供に対する指導と一般的に考えられている。自己実現を図るために「自己指導能力」を育てる生徒指導の積極的意義を確認し、学校教育活動全体で問題行動にどのように取り組んでいけばよいかが常に問われていると言える。

第1節　問題行動

　生徒指導の対象となる問題行動は毎年の文科省調査では、暴力行為、いじめ、不登校、自殺、中途退学などである。

　不適応な行動が主に外側へ反抗の形をとる暴力行為、いじめなどを「反社会的問題行動」、これに反して内側（自分自身）に向けられた形の不登校などは「非社会的行動」と呼ばれる。前者には非行、触法犯罪などがあり、後者には学校恐怖症や緘黙症、情緒障害、対人的な接触を避けるものなどがある。

　反社会的・非社会的行動のいずれも、子供が生活する社会・世間に対する子供自身の意思、感情、考えをある程度理解できる。しかし、生活する社会を前提とせずに行動している「脱社会化」の子供たちの存在がある。

　"最近、我々教師が最も手を焼いている生徒たちは、悪気なく学校規範におさまらない生徒たち、即ち〈脱・社会〉の生徒たちです。彼ら彼女らは強面教

2　平成28（2016）年度「児童生徒の問題行動・不登校等生徒指導上の諸課題に関する調査」（速報値）概要より
3　国立教育政策研究所『全教職員が認識を共有し、主体的に取り組むことで、いじめの未然防止は可能。』平成30（2018）年3月

師の説教やカウンセリングマインドに基づいた相談活動では行動が改まりません。もちろんその場では理解しますが、その後の行動が改まるということはないのです。"4)

第2節　いじめ

　小学校児童の「いじめ」は文科省の毎年の調査によれば増加している。いじめ問題の低年齢化である。これに反して中学校、高等学校ではいじめの減少傾向がみられる。

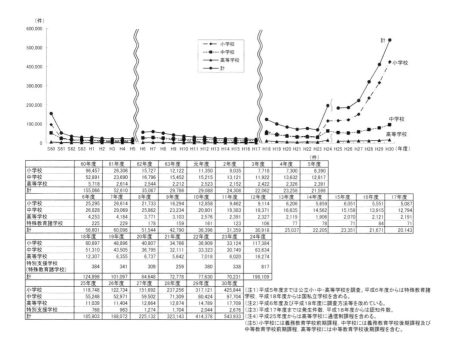

（件）	60年度	61年度	62年度	63年度	元年度	2年度	3年度	4年度	5年度
小学校	96,457	26,306	15,727	12,122	11,350	9,035	7,718	7,300	6,390
中学校	52,891	23,690	16,796	15,452	15,215	13,121	11,922	13,632	12,817
高等学校	5,718	2,614	2,544	2,212	2,523	2,152	2,422	2,326	2,391
計	155,066	52,610	35,067	29,786	29,088	24,308	22,062	23,258	21,598

	6年度	7年度	8年度	9年度	10年度	11年度	12年度	13年度	14年度	15年度	16年度	17年度
小学校	25,295	26,614	21,733	16,294	12,858	9,462	9,114	6,206	5,659	6,051	5,551	5,087
中学校	26,828	29,069	25,862	23,234	20,801	19,383	19,371	16,635	14,562	15,159	13,915	12,794
高等学校	4,253	4,184	3,771	3,103	2,576	2,391	2,327	2,119	1,906	2,070	2,121	2,191
特殊教育諸学校	225	229	178	159	161	123	106	77	78	71	84	71
計	56,601	60,096	51,544	42,790	36,396	31,359	30,918	25,037	22,205	23,351	21,671	20,143

	18年度	19年度	20年度	21年度	22年度	23年度	24年度
小学校	60,897	48,896	40,807	34,766	36,909	33,124	117,384
中学校	51,310	43,505	36,795	32,111	33,323	30,749	63,634
高等学校	12,307	8,355	6,737	5,642	7,018	6,020	16,274
特別支援学校（特殊教育諸学校）	384	341	309	259	380	338	817
計	124,898	101,097	84,648	72,778	77,630	70,231	198,109

	25年度	26年度	27年度	28年度	29年度	30年度
小学校	118,748	122,734	151,692	237,256	317,121	425,844
中学校	55,248	52,971	59,502	71,309	80,424	97,704
高等学校	11,039	11,404	12,664	12,874	14,789	17,709
特別支援学校	768	963	1,274	1,704	2,044	2,676
計	185,803	188,072	225,132	323,143	414,378	543,933

（注1）平成5年度までは公立小・中・高等学校を調査。平成6年度からは特殊教育諸学校、平成18年度からは国私立学校を含める。
（注2）平成6年度及び平成18年度に調査方法を改めている。
（注3）平成17年度までは発生件数。平成18年度からは認知件数。
（注4）平成25年度からは高等学校に通信制課程を含む。
（注5）小学校には義務教育学校前期課程、中学校には義務教育学校後期課程及び中等教育学校前期課程、高等学校には中等教育学校後期課程を含む。

図表4-1　「いじめの認知（発生）件数の推移」（文科省、平成30年度）

4　堀裕嗣『生徒指導10の原理・100の原則』学事出版、2012年　5頁

　学校種ごとの件数は小学校：425,844件、中学校：97,704件、高等学校：17,709件、特別支援学校：2,676件である。 1 校あたりの平均認知件数（すべて国公私立の合計）は小学校で21.3件、中学校で9.4件、高等学校で3.1件、特別支援学校で2.3件となっている。

　認知していない学校は、小学校12.9％、中学校13.7％、高等学校37.0％、特別支援学校57.2％である。

(1)　いじめの定義

　いじめの定義は平成25（2013）年「いじめ防止対策推進法」が施行されるまでに、表 4 － 2 に見られるように変遷してきた。

　「いじめ」の行為を学校の認知により明らかにするのか、それとも被害を受けた児童生徒の側の訴えがあれば「いじめ」と認知するのか、調査は学校側から被害者側の認知へと変わっていった。

　「いじめ」の内容は多様である。暴力によるもの、性的なもの、集団による無視、悪口・陰口などことばによるもの、ものを隠すなど物的なもの、強要、SNS・ネットによるものなどがある。

　このような内容の「いじめ」は大きく二つに分けられるという。「暴力系」と「コミュニケーション操作系（非暴力系）」である。「暴力系」には、"殴る、蹴る、性暴力を行う、恐喝するなど" があり、「コミュニケーション操作系」には、"物を隠す、嫌なあだ名をつける、嫌な噂話を流す、無視するなど" があるという。荻上氏によれば、大半は「コミュニケーション操作系いじめ」で、これらを「暴力系いじめ」と同じように犯罪と捉え警察に通報することで解決できるだろうか、と疑問を投げかけている。世間でいじめの行為（加害者）に対する厳しい指導の主張が叫ばれるあまり、いじめの実態把握がおろそかになり、大半の「コミュニケーション操作系いじめ」の早期発見、解決への指導が遅くなることも懸念している。[5]

5　荻上チキ『いじめを生む教室』PHP新書、2018年　29-30頁　＊荻上氏の主張は指導を考えるうえで参考となる。

表4－2　いじめの定義の変遷（文科省）

いじめの定義の変遷

【児童生徒の問題行動等生徒指導上の諸問題に関する調査における定義】

【昭和61年度からの定義】
　　この調査において、「いじめ」とは、「①自分より弱い者に対して一方的に、②身体的・心理的な攻撃を継続的に加え、③相手が深刻な苦痛を感じているものであって、学校としてその事実（関係児童生徒、いじめの内容等）を確認しているもの。なお、起こった場所は学校の内外を問わないもの」とする。

【平成6年度からの定義】
　　この調査において、「いじめ」とは、「①自分より弱い者に対して一方的に、②身体的・心理的な攻撃を継続的に加え、③相手が深刻な苦痛を感じているもの。なお、起こった場所は学校の内外を問わない。」とする。
　　なお、個々の行為がいじめに当たるか否かの判断を表面的・形式的に行うことなく、いじめられた児童生徒の立場に立って行うこと。

○　「学校としてその事実（関係児童生徒、いじめの内容等）を確認しているもの」を削除
○　「いじめに当たるか否かの判断を表面的・形式的に行うことなく、いじめられた児童生徒の立場に立って行うこと」を追加

【平成18年度からの定義】
　　本調査において、個々の行為が「いじめ」に当たるか否かの判断は、表面的・形式的に行うことなく、いじめられた児童生徒の立場に立って行うものとする。
　　「いじめ」とは、「当該児童生徒が、一定の人間関係のある者から、心理的、物理的な攻撃を受けたことにより、精神的な苦痛を感じているもの。」とする。　（※）
　　なお、起こった場所は学校の内外を問わない。

○　「一方的に」「継続的に」「深刻な」といった文言を削除
○　「いじめられた児童生徒の立場に立って」「一定の人間関係のある者」「攻撃」等について、注釈を追加

※　いじめ防止対策推進法の施行に伴い、平成25年度から以下のとおり定義されている。
　　「いじめ」とは、「児童生徒に対して、当該児童生徒が在籍する学校に在籍している等当該児童生徒と一定の人的関係のある他の児童生徒が行う心理的又は物理的な影響を与える行為（インターネットを通じて行われるものも含む。）であって、当該行為の対象となった児童生徒が心身の苦痛を感じているもの。」とする。なお、起こった場所は学校の内外を問わない。
　　「いじめ」の中には、犯罪行為として取り扱われるべきと認められ、早期に警察に相談することが重要なものや、児童生徒の生命、身体又は財産に重大な被害が生じるような、直ちに警察に通報することが必要なものが含まれる。これらについては、教育的な配慮や被害者の意向への配慮のうえで、早期に警察に相談・通報の上、警察と連携した対応を取ることが必要である。

「いじめ」の内容を明らかにして指導に言及することはできないので、上記の荻上氏やいじめ問題の権威である森田氏の本（注6参照）などを参考に理解を深めてほしい。

(2)　日本のいじめの変遷[6]　〜いじめの3つの波〜

①社会のなかでのいじめ発見

代表的な事件が1986年東京の公立中学校2年生の生徒がいじめによる自殺をしたものである。被害者へのいじめの象徴的な事件として学級で「葬式ごっこ」が行われた。生徒だけでなく教師数名もこれに参加していたことが明らかにされている。被害者は遺書を残し、東京からはるか離れた東北のJRの駅のトイレで首を吊り自ら命を絶った。

この事件をきっかけに、学校や教育委員会の指導等の対応が報道され、世間ではいじめの対応への不信感、不満が蓄積されていった。その結果、同じ年代の子どもを持つ親たちの不安が高まっていった。被害者の自殺という最悪の結果を招いた「いじめ」を、〈人間として許されないこと〉と明確な判断がされ、社会問題として「いじめ」が発見されたといえる。

②心の相談体制の確立

1990年代に入り94年愛知県での「いじめ」による被害者も遺書を残し自宅で自殺をした。被害者は遊び仲間から何度も何度も現金を要求され渡していたという、加害者による恐喝が明らかになった。この恐喝行為が発生したことを受けて「いじめ緊急対策会議」が設置された。いじめの実態把握、そして学校を挙げて適切な対応をとることを緊急アピールとして発表した。恐喝を犯したことについて加害者の意識を高めさせる必要が改めて強調された。しかし世間への報道は①と同様に「被害者」へ焦点をあてたものであった。

いじめの被害者への配慮から、1995年度からスクールカウンセラーが学校へ配置されることになった。「いじめ問題等対策研究講座」を開始、教員の

6　森田洋司『いじめとは何か　教室の問題、社会の問題』中公新書、2010年を参照

相談体制づくりにも力を入れることとなった。被害者の心のケアの確立の時期である。

③社会問題として捉える

　21世紀に入って、いじめの第3波「社会問題として捉える」が訪れた。2006年福岡県の中学2年生のいじめによる自殺事件などが相次いだ。最悪の結果である自殺を前にして、学校と教育委員会は「いじめはなかった」と発表、事件の隠ぺい工作として世間に悪い印象を与えることになった。これによりいじめ事件の見直しが始まった。

　いじめの加害者に対する処罰的色彩を強調した提言を「教育再生会議」が行った。加害者の子供に「出席停止措置」を実施するなど、指導者としての教員の毅然とした態度を強く求めた。さらにいじめの加害者だけでなく、周りで見ていた者（傍観者）も加害者だとする考え方が出された。

　被害者への心のケアを学校だけで行うのではなく、「いじめ」を広く社会で考えることを期待した。その一つがスクールソーシャルワーカーの導入である。子供と保護者の援助や学校と家庭生活の基盤づくりに携わる、福祉の面からのサポートの必要性もあげられた。

　こうして社会問題としてのいじめの認識が行われることで、学校と外部の機関や施設の連携をより積極的に行う取組の実践が計画された。学校による事件の抱え込みを防ぎ、協働や連携による学校教育を支援する状況が出現した。

(3)　いじめの4層構造

　森田氏によるいじめの構造概念である。

　「提要」では、"いじめは、いじめる側といじめられる側という二者関係だけで成立しているのではなく、「観衆」としてはやし立てたり面白がったりする存在や、周辺で暗黙の了解を与えている「傍観者」の存在によって成り立つ"と書かれている。この記述に続き、"傍観者のなかからいじめを抑止する「仲

裁者」が現れるような学級経営を行うことが望まれます。”となっている。[7]

　「傍観者」が「仲裁者」に変わるような学級経営をどれだけの教員ができるかはわからない。私の経験から言うことが許されるならば、就学前の幼児がけんかの仲裁を買って出るように、小学生、中学生そして高校生が行動するとは言えないだろう。年齢が高くなるほど仲裁に入る行為をためらうのではないか。周りの者から「お前だけいいかっこして」と言われることを避けるため、あるいは仲裁することで今度は自分がいじめられることを恐れることから、などが理由として考えられる。

　「傍観者」が「仲裁者」に変わることについて、オランダやイギリスの中学生は傍観者が減り仲裁者の割合が増えていくそうだ。しかし日本では小学生から中学生になるにしたがって反対に仲裁者の割合が減っていくという。教育改革国際シンポジウムでの報告である。[8]

　この報告書で先述の森田氏は、“中学校の段階というのは、自我の発達というか、・・・社会的な自我といいますか、社会の共同体の一人として共同生活をやっている人間の義務や責務という観念が、社会的にできあがってくる自我形成の時期であります。その<u>自我形成の時期に、日本の場合は仲裁者が出てこない。ヨーロッパのイギリス・オランダの場合は、そこで出てくるという違いがあります。</u>ある意味では、これは一つの、教育の中の力で止めていかなくてはいけない。”（下線は引用者）

　日本特有の学校文化あるいは社会様相かはわからないが、教育のなかで止めなくてはいけないという森田氏の考え方に賛成である。

　表4－3では、いじめを見たときの対応（止めるか、誰をよぶか）を尋ねたものであるが、小学校から中学校、高校と上がるにつれて、“先生に知らせる”割合が減り“友達に相談する”が増えている。思春期では周りの親や大人である教員より友人との関係を大切にしていく。したがって親や先生という大

<hr/>

7　「提要」第6章生徒指導の進め方　第6節いじめ　173頁
8　『平成17（2005）年度　教育改革国際シンポジウム「子どもを問題行動に向かわせないために～いじめに関する追跡調査と国際比較を踏まえて～」報告書』163頁

人よりは、解決に至らなくとも友人に話すことで心の安定を図る。先の荻上氏の本によれば、大津市のアンケート調査結果をもとに「いじめ」を教員など大人に報告や相談することで、「いじめがなくなった、少なくなった」との回答が7割近くになった、とある。[9]

　さらに荻上氏がヨーロッパと日本の中学生の違いから指導のあり方に言及していることは、「いじめ」の指導を考える際の一つのヒントになる。少し長いが引用する。

　"海外に比べて「仲裁者の割合が減る」というデータについても、単に〈日本人は知らぬ存ぜぬで通したがる〉ということではありません。まず、日本のいじめはコミュニケーション操作系が中心です。特に中学生になると、その傾向がより顕著になります。…コミュニケーション操作系のいじめは、暴力系のように、その場で「やめろよ！」と言って止めることができるようなものではありません。…年齢が上がるとともに、仲裁することが難しいいじめが増えるため、「仲裁者」の割合が減ると考えるのが適切でしょう。"[10]

　仲間がいじめにあっていることを見れば、「なんとかしたい」と思うがいじ

表4－3　クラスの誰かがほかの子をいじめているのを見たときの対応の構成割合 （厚労省）
https://www.mhlw.go.jp/stf/houdou/2r9852000001yivt-att/2r9852000001yjc6.pdf

（単位：%）

対　　応	平成16年	平成 2 1 年						
		総　数	男	女	小 学 校 5～6年生	中学生	高校生等	就職・その他
総　数	100.0	100.0	100.0	100.0	100.0	100.0	100.0	－
「やめろ！」と言って止めようとする	18.0	16.9	21.6	11.6	24.1	13.4	15.1	－
先生に知らせる	21.4	25.7	26.1	25.3	39.7	25.1	14.8	－
友達に相談する	36.2	36.4	25.9	48.0	22.1	39.7	44.3	－
別に何もしない	24.4	21.0	26.3	15.1	14.1	21.8	25.8	－

　注）「高校生等」とは、「高校生」、「各種学校・専修学校・職業訓練校の生徒」の合計である。

9　注5　74頁
10　注5　120－121頁

めの複雑化がそれを拒んでいるという見方は理解できる。また、荻上氏はSNSやネットいじめはクラスや学校等での直接のかかわりや人間関係が背景にあると指摘する。

　学校や教室で担任や授業者の教員が、児童生徒に傍観者でなく仲裁者になれと言うよりは、いじめの報告をすなおに教員が聞くことができるクラスや学校の雰囲気作りがまず必要である。「いじめ」を誘発する一つの人的環境として、教員の存在、影響は小さくないと考える。(2) ①の「葬式ごっこ」のように直接教員が関わることは少ないが、毎日顔を合わせる児童生徒にとって学級が〈居心地が良い〉〈安心できる〉ところかどうかは、「いじめ」に限らず問題行動の発生に密接に関係しているといえる。

　今回学習指導要領改訂の内容で学級経営を重視していることからも、教員はすべて授業や生徒指導を行うに際して学級の「雰囲気」をどのように構築していけばよいかを常に意識することが求められている。雰囲気がよい学級では仲裁をする者が現れなくとも、雰囲気がよくない学級よりは、「いじめ」の発生を教員や家庭の保護者などの大人に伝える「通報者」の出現率が上がることは容易に想像できるだろう。なぜなら日常の学校生活で教員に話しやすい学級の雰囲気ができているから、何かあれば頼りにして報告、連絡、相談をしやすくなっていると言える。

(4)　いじめ問題行動への対応と指導（未然防止）

　平成25（2013）年6月に「いじめ防止対策推進法」が制定された。背景には2011年に滋賀県大津市の区立中学で起きた〈いじめ自殺事件〉[11]がある。いじめを苦にして自ら命を絶ってしまう最悪の結果を招かないように、いじめの防止に真摯に取り組むことはこの事件以前からも取り組まれてきた。法律の制定により〈重大事態〉への学校、教育委員会の対応が義務づけされた。

　いじめに限らず生徒指導の問題行動（不登校、暴力行為、器物損壊等）の予

11　事件を受けて自殺した生徒へのいじめの事実関係、学校と教育委員会の指導、対応などを調査するために外部専門家による「第三者委員会」を設置し調査、報告書をまとめた。

防、問題の現状把握、指導、今後の対策の取組は学校の生徒指導計画の重要なものである。[12]

『いじめについて、正しく知り、正しく考え、正しく行動する』（国立教育政策研究所）[13] では、「暴力を伴ういじめ」「暴力を伴わないいじめ」と分けて指導を紹介している。大津市のいじめ事件では学校側が暴力行為を容認・放置していたことにより、被害者が自殺することになってしまった。一般的にいじめは暴力を伴わないために「見つけにくい」「気づきにくい」、大津事件では学校側が明らかな暴力行為をそのままにしてしまったことが大きな問題となった。

ここでは後者の「暴力を伴わないいじめ」について説明していくことにする。

2010－2012いじめ追跡調査によれば、中学生の3割弱が「暴力を伴わないいじめ」の加害経験をもっている。「軽くぶつかる、叩く、蹴る」を含めれば4割の生徒に加害経験がある。「仲間はずし、無視、陰口」「からかう、悪口」の加害経験にはストレスが強く関係するという。

暴力を伴わないいじめは、教員から見つかりにくい、荻上氏が指摘する「コミュニケーション操作系」の "物を隠す、嫌なあだ名をつける、嫌な噂話を流す、無視する" なども加えると、小学生の児童期にはこれらのトラブルが毎日のように担任に報告される。小学生高学年や中学生や高校生となれば、SNSやネットを利用したいじめが多くなってくる。

暴力行為と違って表面に現れにくいこれらのいじめは教員として見つけることが難しい。「早期発見」よりは「未然防止」が重要になる。

上述したように「未然防止」には教員による学級その他の場所の雰囲気（環境）づくりが大切である。この取り組みを第一に実践することで、「いじめ」の発生を子供たちが教員に報告したり相談したりすることが考えられる。

『生徒指導リーフ8、9』（国立教育政策研究所）は「未然防止」について書かれている。

12　『生徒指導リーフ　増刊号　いじめのない学校づくり』学校いじめ基本方針Q&Aで、法制定後の学校におけるいじめ防止など指導方針の計画の立て方が書かれている。
13　国立教育政策研究所　生徒指導・進路指導研究センター（平成25（2013）年7月）で作成されたもので、2010－12年のいじめ追跡調査をもとに指導法に言及している。

　　　・リーフ8は、①雰囲気づくり＝学校風土、学級風土づくり

　　　　　　　　　②いじめの原因としての「ストレス」

　　　　　　　　　　→三つの要因「友人ストレッサー」「競争的価値観」「不機
　　　　　　　　　　　嫌怒りストレス」が高まると「いじめ」が起
　　　　　　　　　　　こる

　　　　　　　　☆このための対策：ゆっくりと安心できる「居場所づくり」

　　　・リーフ9は、①「友人関係」「人間関係」づくり＝「いじめ」を生まない
　　　　　　　　　　ため

　　　　　　　　　②自己存在感、自己有用感、共感を育てる

として「未然防止」の取組を促している。

　たしかに子供たちがストレスを抱えていることは容易に想像できる。学校や
家庭で教員や親から、教育のこと進路のこと、日常生活や友人関係など、指摘
や指導をうけてストレスがたまることは容易に想像できる。

　「ストレスをためずに何でも好きなことに、一所懸命打ち込めばストレスな
んて発散できるよ」などと、思春期の子供たちに訳知り顔で諭すことも一つの
未然防止になるかもしれない。しかし現状はそんなに簡単ではない。子供たち
を取り巻くストレッサーとして考えられることやストレッサーとなるもの（物
や者）にどんなものがあるだろう。

　「ストレッサー」は、ストレスを引き起こす物理的・精神的因子ということ
である。親や教員以外には友人や仲間がいる。スクールカーストのなかの自分
の位置を確認しながら中学高校生は学級で生活しているとすれば、自分のカー
ストを越えずあるいは卑屈にもならず学校で過ごすことでのストレスもあるだ
ろう。同性や異性の仲間とのつき合い方もストレスの原因になる。進路の問題
もストレスをためる要因となるだろう。

　リーフ8にあるようなストレスの3つの要因に対する指導は、集団指導を通
して学級全体に働きかけていく。個々の児童生徒の様子を詳細に観察しながら
必要があれば個別指導を集団指導と併せて行っていく。

　生徒指導の機能として、「自己存在感」の育成、「共感関係」づくりの二つは
リーフ9で示されているとおり、「いじめ」問題への取組においても重要なも

のである。多様な子供たちが学校や学級、クラブや委員会で活動している。個人を尊重し個性の伸長を図りながら、学校の校則やルールなどの規定を守っていかなくてはいけない子供たちにとって、学級や学校等の集団のなかで生活しながら、いかに「個性」「個」を主張していかれるか。

　個人の尊重に「自己存在感」は大きく関わる。子供たちだけでなく人間は誰でも、誰かから認められることで力を発揮できる。現代は社会のなかで多様な人間性、たとえばLGBTや障害を抱えた人たち、外国籍の人々などマイノリティと呼ばれる人々を理解し共生していく社会づくりが目指されている。一生涯でどれだけの人々と出会うかわからないが、自分が出会う人々のなかで一人として考え感じ方が同じ人がいないことは確かである。学校教育のなかでは、「みんなちがっていい」と金子みすゞ氏の言葉が叫ばれながらも、一方では「みんな一緒」をある意味子供たちに強要するような指導が行われていないだろうか。もしそんな指導があれば、マイノリティの人々を通した人間の多様性を否定し「自己存在感」を育てていくこともできないのではないか。

⑸　いじめの重大事態

　『いじめ防止対策推進法』（以下、いじめ法）では、いじめにおいて〈重大事態〉が発生した場合に、学校設置者、学校の対応・対策や未然防止等が規定されている。いじめ法は平成23（2011）年に起きた滋賀県大津市のいじめによる中学生男子が自殺した事件がきっかけと言われる。学校側や設置者の教育委員会の事件への関与ならびに事件後の対応への批判もあり、「いじめ」の全容解明、指導についてなどの〈第三者調査委員会〉が設置され、いじめ対策に制度としてしっかりと取り組む姿勢が明らかになった。

　学校だけでなく外部の専門家などが情報共有し、いじめの解決のために組織として対応するよう、またいじめの予防についても規定された。

　いじめ法第一条は、

　「この法律は、いじめが、いじめを受けた児童等の教育を受ける権利を著しく侵害し、その心身の健全な成長及び人格の形成に重大な影響を与えるのみな

らず、その生命又は身体に重大な危険を生じさせるおそれがあるものであることに鑑み、児童等の尊厳を保持するため、いじめの防止等（いじめの防止、いじめの早期発見及びいじめへの対処をいう。以下同じ。）のための対策に関し、基本理念を定め、国及び地方公共団体等の責務を明らかにし、並びにいじめの防止等のための対策に関する基本的な方針の策定について定めるとともに、いじめの防止等のための対策の基本となる事項を定めることにより、いじめの防止等のための対策を総合的かつ効果的に推進することを目的とする。」と、

　国全体でいじめ対策に取り組む構えを明らかにしている。

〈重大事態〉とは

　「いじめにより当該学校に在籍する児童等の生命、心身又は財産に重大な被害が生じた疑いがあると認める」事態及び「いじめにより当該学校に在籍する児童等が相当の期間学校を欠席することを余儀なくされている疑いがあると認める」事態の二つに定義されている。（いじめ法第28条第1項の1、2）

　この二つの条文のどちらも「疑い」の文字がみられる。すなわち重大事件としていじめを学校側が認知したときではなく、そのいじめの疑い、いじめによる欠席の疑いあるときを指している。つまり、児童生徒がいじめを受けていると訴えたり、誰かがいじめを目撃したりしてからいじめの認知を行う前に、すみやかに対応しなければいけないというのが「疑い」の言葉から読み取れるだろう。

　このことはとりもなおさず、このような状況下におかれている児童生徒の生命と安全を何よりもまず確保することを示している。

　この様な事態が発生した場合は学校ではすみやかに重大事態の該当性を判断し的確に対処するよう義務づけられると、いじめ法に書かれている。

【重大事態として扱った事例】（文科省『いじめの重大事態の調査に関するガイドライン』）

いじめ（いじめの疑いを含む。）により、以下の状態になったとして、これまで各教育委員会等で重大事態と扱った事例
◎下記は例示であり、これらを下回る程度の被害であっても、総合的に判断し重大事態と捉える場合があることに留意する。

①児童生徒が自殺を企図した場合
　○軽傷で済んだものの、自殺を企図した。

②心身に重大な被害を負った場合
　○リストカットなどの自傷行為を行った。
　○暴行を受け、骨折した。
　○投げ飛ばされ脳震盪となった。
　○殴られて歯が折れた。
　○カッターで刺されそうになったが、咄嗟にバッグを盾にしたため刺されなかった。※
　○心的外傷後ストレス障害と診断された。
　○嘔吐や腹痛などの心因性の身体反応が続く。
　○多くの生徒の前でズボンと下着を脱がされ裸にされた。※
　○わいせつな画像や顔写真を加工した画像をインターネット上で拡散された。※

③金品等に重大な被害を被った場合
　○複数の生徒から金銭を強要され、総額1万円を渡した。
　○スマートフォンを水に浸けられ壊された。

④いじめにより転学等を余儀なくされた場合
　○欠席が続き（重大事態の目安である30日には達していない）当該校へは復帰ができないと判断し、転学（退学等も含む）した。

※の事例については、通常このようないじめの行為があれば、児童生徒が心身又は財産に重大な被害が生じると考え、いじめの重大事態として捉えた。

　①〜③が、いじめ法第28条第1項の1に該当する場合で、④は第1項の2で、いじめによる転学等を余儀なくされるなど、いじめによる不登校重大事態と把握したものである。
　学校における対応について、次頁に示す。

学校用　重大事態対応フロー図

いじめの疑いに関する情報

○　第22条「いじめの防止等の対策のための組織」でいじめの疑いに関する情報の収集と記録、共有
○　いじめの事実の確認を行い、結果を設置者へ報告

重大事態の発生

○　**設置者に重大事態の発生を報告**
ア）「生命、心身又は財産に重大な被害が生じた疑い」（児童生徒が自殺を企図した場合等）
イ）「相当の期間学校を欠席することを余儀なくされている疑い」（年間30日を目安。一定期間連続して
　欠席しているような場合などは、迅速に調査に着手）
※「児童生徒や保護者からいじめられて重大事態に至ったという申立てがあったとき」
○　**地方公共団体の長等に報告**（公立：学校から設置者を経由、私立：学校から都道府県知事）

学校の設置者が、重大事態の調査の主体を判断

学校が調査主体の場合

学校の設置者の指導・助言のもと、以下のような対応に当たる

● **学校の下に、重大事態の調査組織を設置**

※　組織の構成については、専門的知識及び経験を有し、当該いじめ事案の関係者と直接の人間関係又は特
別の利害関係を有しない第三者の参加を図ることにより、当該調査の公平性・中立性を確保するよう努めること
が求められる。
※　第22条に基づく「いじめの防止等の対策のための組織」を母体として、当該重大事態の性質に応じて適切
な専門家を加えるなどの方法も考えられる。

● **調査組織で、事実関係を明確にするための調査を実施**

※　いじめ行為の事実関係を、可能な限り網羅的に明確にする。この際、因果関係の特定を急ぐべきではなく、
客観的な事実関係を速やかに調査すべき。
※　たとえ調査主体に不都合なことがあったとしても、事実にしっかりと向き合おうとする姿勢が重要。
※　これまでに学校で先行して調査している場合も、調査資料の再分析や必要に応じて新たな調査を実施。

● **いじめを受けた児童生徒及びその保護者に対して情報を適切に提供**

※　調査により明らかになった事実関係について、情報を適切に提供（適時・適切な方法で、経過報告があるこ
とが望ましい）。
※　関係者の個人情報に十分配慮。ただし、いたずらに個人情報保護を楯に説明を怠るようなことがあってはな
らない。
※　得られたアンケートは、いじめられた児童生徒や保護者に提供する場合があることを念頭におき、調査に先
立ち、その旨を調査対象の在校生や保護者に説明する等の措置が必要。

● **調査結果を学校の設置者に報告**（※設置者から地方公共団体の長等に報告）

※　いじめを受けた児童生徒又はその保護者が希望する場合には、いじめを受けた児童生徒又はその保護者
の所見をまとめた文書の提供を受け、調査結果に添える。

● **調査結果を踏まえた必要な措置**

学校の設置者が調査主体の場合

● **設置者の指示のもと、資料の提出など、調査に協力**

図4-2　学校用　重大事態対応フロー図（文科省）

　いじめ法がどのように機能しているかを、総務省が「いじめ防止対策の推進
に関する調査結果報告書」として発表している。この結果に基づく勧告（概
要、平成30（2018）年3月）では、
　　〈いじめの認知件数に学校間差を認識している教育委員会が77%〉
　　〈24%の学校が、「いじめ認知」の判断基準について、法律とは別に定義を
　　設けた限定解釈している（限定解釈のほかに、いじめでなく「悪ふざけ、
　　じゃれあい」と捉えたり、本人が「大丈夫」といったからいじめではない
　　としているなど、いじめ認知等に係る課題は56%〉
　　〈学校内の情報共有に関わる課題が64%〉
　　〈重大事態発生後の対応に係わる課題が35%〉
など、いじめ法の施行後の学校等の対応が徹底されていない事実が浮かび上が
っている。

　この勧告にみられるように、学校の指導体制では教職員間の「情報共有」が
大切なことがわかる。さらに言えば、この共有は情報よりは、どのように指導
するのか、より具体的な学校全体の指導のブレをなくすための「指導の認識の
共有」に、学校全体で取り組むことが求められていると言える。

⑹　SNS、ネットによる被害、いじめ
　ⅰ）ネット犯罪の被害者数
　　ここで言う「児童」は未成年者が対象となる。
　　被害者の子供たちは出会い系サイトは減少し、反対にSNSによる被害が増
　加していることがよくわかる。9割近くがスマートフォンを利用している。
　インターネットに手軽に接続できるスマートフォンの普及と手軽さが原因に
　なるだろう。

　ⅱ）ネットいじめ
　　「コミュニケーション操作系いじめ」が多いことはすでに述べた。対面型
　コミュニケーションよりはスマートフォンを利用するコミュニケーションが

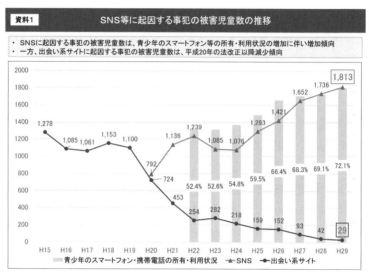

図4-3　SNS等に起因する事犯の被害児童数の推移（警察庁）

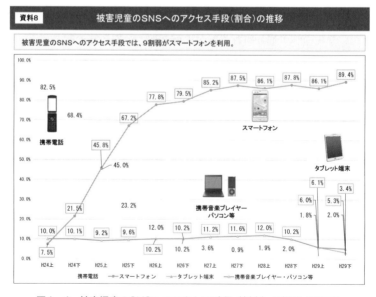

図4-4　被害児童のSNSへのアクセス手段（割合）の推移（警察庁）

いじめの主流となってきた。間違えてはいけないことがある。それはいじめが始まるのは、学校での仲間、友人関係からということである。クラブ活動の部員同士のラインはずしも最初は部活動内の対面の人間関係からである。

　スマホやネットいじめを防止するには、通常の「いじめ」同様に、第一に学校内、学級内で児童生徒が気持ちよく生活できる環境づくり、雰囲気づくりを心がけることである。

　対面型とネット上のいじめの違いは、学校内のいじめであれば、被害者が家に戻ればいじめの攻撃を受けないで済む。しかし、ネットでは被害者は24時間常に攻撃にさらされている。攻撃の不安を抱え逃げ場もなく、最悪の場合はいじめ地獄に陥り最終手段を選ぶことになる。

　インターネットの利用率は平成29（2017）年度は、小学校で78.9%、中学校以上では97%を超える。スマートフォンの利用率は高校生が96.1%、中学生は80.8%、小学生でも63.2%である。[14]

　総務省が出している「インターネットトラブル事例集（平成29（2017）年度版）」は学校や家庭で子供たちのネット利用について指導することに役に立つ。また、ネット犯罪やいじめに遭ったときの相談機関も紹介されている。

（http://www.cao.go.jp/youth/kankyou/internet_use/soudan.html）

第3節　不登校

　不登校はその定義に変遷がみられる。学校は行くべきところという考え方から、不登校の子供たちの増加、個々の子供が抱える問題や背景の多様性、社会の変化などにより考え方が変化した。現在は義務教育段階の子供たちの学習の場を学校に限らず広く認め、学習の機会をいかに整備できるか文科省の考え方も変化してきた。

14　平成29（2017）年度東京都教育庁「児童・生徒のインターネット利用状況調査」調査報告書（概要版）

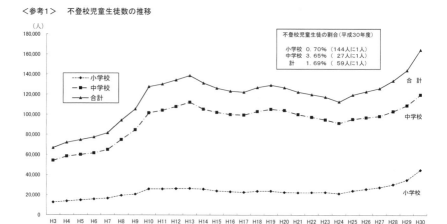

<参考1>　不登校児童生徒数の推移

図4－5　不登校児童生徒数の推移（文科省）

　文科省の調査[15]は、小中高とも長期欠席（不登校等）の状況結果であり、義務教育段階と高等学校は別に集計されている。

　小学校の長期欠席者は84,033人（前年度72,518人）、このうち不登校児童数は44,841人（前年度35,032人）、中学校の長期欠席者は156,006人（前年度144,522人）、不登校生徒数は119,687人（108,999人）となっている。不登校児童生徒数の在籍者に占める割合は、小学校が0.7%（前年度0.5%）、中学校が3.65%（前年度3.2%）である。

　また、不登校児童生徒の出欠日数別に不登校者数全体に対する割合を示すと、①90日以上欠席者は、小学校が44.7%、中学校が63.2%、②出席日数が10日以下の者は、小学校が7.0%、中学校が12.9%、③出席日数が0日の者は、小学校2.6%、中学校4.1%となっている。

　不登校以外の長期欠席の事由は、「病気」「経済的理由」「その他」となる。「その他」とはたとえば〈家庭の事情〉：保護者の教育に関する考え方、無理

15　毎年度文科省が『児童生徒の問題行動・不登校等生徒指導上の諸課題に関する調査結果』として発表。図4－5は平成30（2018）年度調査。

解・無関心、家族の介護、家事手伝いなど、〈外国での長期滞在、外国への旅行〉、〈連絡先不明〉などである。

(1)　不登校の定義の変遷[16]

「何らかの心理的、情緒的、身体的、あるいは社会的要因・背景により、児童生徒が登校しないあるいはしたくともできない状況にあること（ただし、病気や経済的な理由によるものを除く）」と定義される不登校は、学校に行かない子供たちが出現し社会的問題として捉えられてから現代にいたるまでいくつかの変遷を経ている。

①　学校恐怖症から登校拒否へ

昭和34（1959）年に「神経症的登校拒否行動の研究」として医療領域から児童精神科の研究論文が出された。「学校恐怖症」との症例発表が翌年の昭和35（1960）年にあった。60年代を経て70年代に入り、「登校拒否」と呼ばれ、病気として医療の対象と捉えられるとともに、「学校嫌い」「怠学」とも考えられていた。文部省（当時）は「学校嫌い」として昭和41（1966）年から統計を取り始めた。こうして「登校拒否」の時代は90年代初頭まで続いていく。

②　70，80，90年代

70年代半ばから「登校拒否」が徐々に増加、70年代は児童精神科医以外に心理学者、文部省・厚生省（当時）の行政など専門家を問わず様々な議論が出てきた。80年代にかけて小中学生の長期欠席者が増加し社会問題化していった。都市部を問わず全国的に「登校拒否」の児童生徒が広がりをみせた。85年には学校に行かれない子供の心に寄り添い積極的に居場所を提供する

16　「提要」ならびに山登啓之『子どもの精神科』ちくま文庫、2010年、前島康男『登校拒否・不登校問題の歴史と理論』東京電機大学総合文化研究第14号、2016年を参照

「東京シューレ」[17] が誕生した。この80年代は家庭内暴力、体罰死、いじめ、校内暴力など多くの教育にかかわる問題が社会化し、社会や子育てをする家庭に様々な影響をもたらしていった。

③　90年代そして不登校へ

90年に文科省は、「登校拒否はどの子にも起こりうる」との見解を発表し、登校拒否の特異性はなくなった。学校基本調査（平成10（1998）年）で文科省は「不登校」を使用している。90年代後半から2000年代にかけて改めて「不登校」が臨床的問題として取り上げられた。

児童精神科医は社会状況を踏まえて、登校拒否を個人の心因的疾患とすることに異議を申し立てた。当時国立小児病院精神科医長の河合洋氏は"登校拒否は子供が周囲の現実に対して行う異議申し立てである"と主張した。こうして病気概念は解体していった。誰でも登校拒否を起こすとの前提に立った医師は、病気ではない子供に対して、〈無理に学校へ行かなくてもいいよ〉と言葉かけをしていた。

平成13（2001）年森田洋司研究チームの「不登校生」のその後の追跡調査が行われた。中学3年生（15歳）から5年間（20歳まで）の調査である。中学生で不登校だった者の2割が20歳になって「何もしていない」が、その他の8割は仕事か学校に通っていた。また不登校を振り返って、「後悔している36.0%」「仕方がなかった31.1%」「むしろよかった27.7%」で、現在の自分にとって不登校がマイナスになっているかについて、「Yes24.0%」「No39.3%」「どちらともいえない35.3%」との結果が得られた。

④　平成22（2010）年以降の不登校問題の国の施策

森田氏の調査結果から「不登校生」のすべてが学校へ行かなかった自分自身をダメと捉えてはいないことがわかる。8割の子供たちが自分をあきらめ

17　1985年6月奥地圭子氏を代表とする「登校拒否を考える会」が東京都に作った。運動は現在まで続いている。

ずに社会のなかで仕事に就き、学校に通い生活している。

　平成27（2015）年9月に「義務教育の段階に相当する普通教育の多様な機会の確保に関する法案」（通称「フリースクール法案」）が提出された後に、翌年3月「義務教育の段階における普通教育に相当する教育の機会の確保等に関する法律案」（通称「不登校対策法案」）が出された。[18] どちらにせよ国として、認可された学校以外に不登校の子供たちの学習機会の場所を認めること、そこでの学習の成果を学校と同様に取り扱うことなどを決定した。

　増え続ける不登校対策として、学びの場を設けることは子供の学習の権利を保障する大切なことに間違いない。ただ場の設定だけで学習への意欲が向上するだろうか。

　平成28（2016）年はもう一つ不登校についての文書が出された。「不登校児童生徒の支援に関する最終報告—　一人一人の多様な課題に対応した切れ目のない組織的な支援の推進—」である。この文書について前島氏は論文で、"不登校問題を生み出す学校や社会の在り方に対する分析に向かうのではなく、不登校の子どもをどう「支援」するかという点に対策を焦点化させている大きな問題点を持つ"と書いている。[19]

(2)　不登校に対する基本的考え

①　最終目標は社会的自立（「心の問題」から「進路の問題」へ）

　「社会的自立」を〈進路の問題〉として捉え、社会的自立に向けて自らの進路を主体的に形成していくための生き方支援という考え方が基本にある。

②　必要な連携ネットワークによる対応

　公的なものとしては、地域の教育（支援）センター、児童相談所などが考えられる。私的な民間施設やNPO法人等も連携の相手となる。

18　平成28（2016）年法律第105号第3章「不登校児童生徒等に対する教育機会の確保等」
19　注16の論文

③　居場所となる学校づくり

　不登校の児童生徒に限らず、すべての子供たちにとって居心地の良い学校という視点からの学校づくり

④　適切な働きかけ、かかわることの大切さ

　従来は、頭痛や腹痛などの身体症状を伴う神経的な不登校に対して、「待つこと」を重視してきた。これに加えて多様化した原因や背景から、見極め（アセスメント）を行ったうえで、適切な働きかけやかかわりを考えることを基本姿勢とする。

⑤　家庭の教育力の充実

　保護者や家族の悩みの深さを受け止めた対応を心がける。

　担任や養護教諭との相談、スクールカウンセラーなどの専門家による相談（機関）を推進し、不登校の子供に対する保護者の認識、知識を高める。

(3)　学校内における不登校の子供への支援

　教員研修の定期的実施を通して、各教員の不登校についての理解を深める。さらに学校組織としての対応、実践についての認識を共有する。その際に生徒指導担当教員のほかに重要な役割をこなすのが「養護教諭」である。

①　重要な役割を担う養護教諭

　「養護教諭」は日頃から児童生徒の健康・安全に配慮し、一人一人の健康の記録などをもとに新たな情報を保護者や担任等から獲得して、指導に当たっている。この意味では教員であっても学校と保護者、社会の窓口としてのコーディネーターの役割を担う重要なポストである。

　「不登校」や「いじめ」の個別対応上も、問題解決のための学校内に設置される対策委員会等のメンバーとしても、「養護教諭」の役割は重要である。「養護教諭」が力を発揮できる環境づくりと教諭自身の力がうまくかみ合っている学校の生徒指導は、その体制を含め組織として充実した活動が可能と

なる。それほど「養護教諭」の仕事は重要なものである。

② 不登校に対する指導、学校の取組

・学校の組織体制

　図4－6の不登校対策委員会のコーディネーターに養護教諭を置いても
よいだろう。学校の環境によれば無理かもしれない。その場合は養護教諭
の働きと同様な学校内外にコミュニケーションを図りながら仕事ができる
者を置くことになるだろう。

　委員会の話し合いの資料として、教員は児童生徒の「指導記録」、家庭
の状況や友人関係の記録、家庭の保護者との連絡の経緯の記録などを準備
しておく。また、学年会や職員会議の記録も該当の児童生徒への記録とし
て提供する。

　中学1年生の不登校が増えていることから、小学校との学校種間の連携
も必要となる。登校が可能となれば、学校側としての受け入れ体制の準備
（保健室登校、相談室登校など）など。

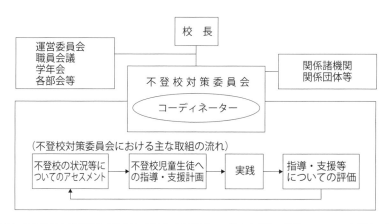

（出典）国立教育政策研究所「平成16（2004）年不登校への対応と学校の取組について―小学校・中学
　　　校編―」

図4－6　不登校対策委員会を中心とした指導体制と取組例

・教員としての心構えについて

　　「目標」設定：学校に来ることを目標とせずに、あくまでも将来の子供
　　　　　　　　　の「社会的自立」を見据えること、不登校を「進路の問
　　　　　　　　　題」として捉える視点をもつこと。
　　　　　　　　　学校・家庭、周囲との連携を念頭にいつでも話ができる
　　　　　　　　　ようにお互いの関係維持に心がけること。このためには
　　　　　　　　　子供と同様に保護者へも寄り添うことが求められる。

　　「共感的理解」：生徒指導の重要な機能のひとつである。共感
　　　　　　　　　（Sympathy）[20] には、相手を気にかけ、気遣うこと、理
　　　　　　　　　解はできなくともそばにいて心を通わせることが必要
　　　　　　　　　である。

　　「臨機応変の対応」
　　　a)　全員一丸方式：同じ心がけで、全員一致で子供にかかわってい
　　　　　　　　　　　　く。
　　　b)　機能分担方式：働きかけを分担し役を演じるように、ある人は厳
　　　　　　　　　　　　しく、またある人はやさしく接していく。難しい
　　　　　　　　　　　　事例に有効。
　　　c)　平行働きかけ方式：お互いが子供にとって良いと思うことをやろ
　　　　　　　　　　　　　　う、とまず了解することから、連絡を密にし
　　　　　　　　　　　　　　ないで指導者の個性と考えで子供に働きかけ
　　　　　　　　　　　　　　る。一つの指導から子供を縛らない、追い込
　　　　　　　　　　　　　　まない指導。

　　いずれにしても、「独りで抱え込まない」「相手の非現実的期待を膨ら
　ませ過ぎない」ことに注意が必要である。

20　Symはギリシャ語の「同じ」、Pathyは「（心の）苦しみ」、これを踏まえれば共感は、相
　　手の苦しみを同じように感じると捉えられるだろう。

第4節　暴力行為

　暴力行為の定義は、"「自校の児童生徒が故意に有形力（目に見える物理的な力）を加える行為」をいう。暴力の対象により「対教師暴力」（教師に限らず用務員等の学校職員も含む）、「生徒間暴力」（何らかの人間関係がある児童生徒同士に限る）、「対人暴力」（対教師暴力、生徒間暴力の対象者を除く）、学校の施設・設備等の「器物損壊」の４つの形態に分けられている。"[21]

　小学校は平成25（2013）年度以降増加傾向にある（学校管理下・管理外どちらも）。中学校・高等学校は反対に同時期から減少傾向となっている。

　学校管理下の学校の処置とは、懲戒、転学、出席停止、停学・自宅謹慎（高校のみ）、訓告などである。管理外の処置は、警察や家庭裁判所の保護（的措置）、少年刑務所・少年院（中高生）への入所、保護観察、児童自立支援施設への入所（ほぼ小中生）などである。

〈参考1〉 学校の管理下・管理下以外における暴力行為発生件数の推移

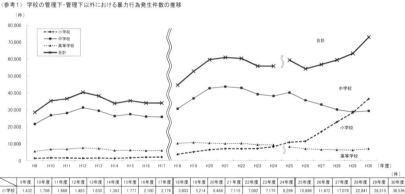

	9年度	10年度	11年度	12年度	13年度	14年度	15年度	16年度	17年度	18年度	19年度	20年度	21年度	22年度	23年度	24年度	25年度	26年度	27年度	28年度	29年度	30年度
小学校	1,432	1,706	1,668	1,483	1,630	1,393	1,777	2,100	2,176	3,803	5,214	6,484	7,115	7,092	7,175	8,296	10,896	11,472	17,078	22,841	28,315	36,536
中学校	21,585	26,783	28,077	31,285	29,388	26,295	27,414	25,984	25,796	30,564	36,803	42,754	43,715	42,987	39,251	38,218	40,246	35,683	33,073	30,148	28,702	29,320
高等学校	5,509	6,743	6,833	7,606	7,213	6,077	6,201	5,938	6,046	10,254	10,739	10,380	10,085	10,226	9,431	9,322	8,203	7,091	6,655	6,455	6,308	7,084
合計	28,526	35,232	36,578	40,374	38,231	33,765	35,392	34,022	34,018	44,621	52,756	59,618	60,915	60,305	55,857	55,836	59,345	54,246	56,806	59,444	63,325	72,940

（注1）平成9年度からは公立小・中・高等学校を対象として、学校外の暴力行為についても調査。
（注2）平成18年度からは国私立学校も調査。
（注3）平成25年度からは高等学校に通信制課程を含める。
（注4）小学校には義務教育学校前期課程、中学校には義務教育学校後期課程及び中等教育学校前期課程、高等学校には中等教育学校後期課程を含める。

図4-7　学校の管理下・管理以外における暴力行為発生件数の推移（文科省）

21　「提要」169頁

表4-4　暴力行為の発生に伴う対応の基本項目（文科省『提要』）

基　本　項　目
①緊急性や軽重などを判断した迅速な対応（複数の教職員による対応）
②当事者（加害者と被害者）への対応と援助、周囲への指導
③正確な事実関係の把握
④指導方針の決定
⑤役割分担による指導と対応策の周知
⑥保護者、ＰＴＡ、関係機関等との連携

(1)　指導

　暴力行為の指導にあたっては、生徒指導の基本である信頼関係に配慮した対話を心がけること、行為の背景にあるものを詳細に把握し個々の子供に応じた理解をすすめることである。各学校段階の暴力行為は多様であり、成長発達の理解の上で場合により家庭や地域の協力を仰ぎながらの指導も必要となる。また個々の事例に即した的確な判断を行い、必要に応じて教育的配慮のもとに出席停止や懲戒などの措置を講じる必要もある。

　学校内では指導体制にしたがって生徒指導の担当教員、生徒指導部を中心に指導を行い、学校外の関係者との連携では、保護者、警察、児童相談所、保護観察所、家庭裁判所、学区内の自治会などの関係者と情報共有のもと協力体制を構築していく。

　また、「提要」にもあるように、地域による非行防止ネットワークの形成による情報交換、相談、外部講師招聘などの取り組みが、暴力行為の未然防止に効果を期待できる。

第5節　中途退学・自殺[22]

(1) 中途退学

　高等学校における中途退学率は、昭和57（1982）年度から2%前後であったが、平成20（2008）年度の2%から減少し、28（2016）年度は1.4%、29（2017）年度は1.3%、30（2018）年度は1.4%となった。公立校と私立校には差異がない。

　中途退学者は1、2年生に集中しているが、その具体的な事由は、経済的理由による割合は国公私立の平均で2.5%前後（平成25〜28（2013〜16）年度）となっている。一番多い事由は、平成30（2018）年度では「進路変更」で35.3%、二番目は「学校生活・学業不適応」で34.2%となっている。「学業不振」は3番目であるが平成に入っては1割に満たず7.8%である。

　図4−8は、学年別の中途退学者のグラフである。

　中途退学者のうち不登校の生徒は、国立校27.4%、公立校25.4%、私立校25.3%である。ちなみに不登校生徒数は、62名（国立）、39,623名（公立）、13,038名（私立）となっている。全体の平均は25.4%で高等学校における不登校生徒の3割弱は学校を去っていったことになる。

<参考2>　学年別中途退学者数

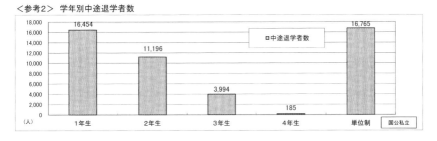

図4−8　国公私立学年別中途退学者数（文科省）

22　紙幅の関係上、図表等の統計については、文科省『平成30（2018）年度児童生徒の問題行動・不登校等生徒指導上の諸課題に関する調査結果について』を参照のこと

　中途退学の二番目の事由は「学校生活・学業不適応」である。一番目の「進路変更」よりは、学校として生徒の進路指導やキャリア教育の生徒指導、カウンセリング等を通じた組織的体制の取組により、学習を継続し学校生活を送る手立てを講じることが可能である。「進路変更」の背景にも学校生活への不適応、学業不振などが考えられる。

　平成29（2017）年度の調査によれば、高等学校における中途退学者数は、前年度から減少しており、通信教育課程の調査が開始された平成25（2013）年度からも減少が続いている。退学率は国立0.5%、公立1.3%、私立1.5%である。理由は「学業・学校生活への不適応」と「進路変更」はほぼ同数で、8割弱と多い。

　学年では全日制の普通科、専門学科 1 、 2 年生の退学者が多くなっている。定時制はこれほどではないが 1 年生は多い。国公私立全体では 1 年生と単位制の退学者が多い。

　課程・学科別中途退学率は定時制、通信制の順に9.4%、4.9%で、全日制は約1%（普通科、専門学科、総合学科の平均）となっている。

　中途退学者が卒業を控える最高学年より入学して間もない 1 年生に多い理由は上記の二つが当てはまると言える。〈勉強がわからない、学校の雰囲気や校風が合わない、友人等の人間関係の問題、第 1 志望でなかった、学校以外に興味のあることができた〉など個々の理由はあるだろう。

⑵　自殺

　平成29（2017）年度、自死・自殺した児童生徒は250人で、前年度より 5 人多くなった。

　このうち小学生は 6 人、中学生は84人、高校生は160人である。高校 3 年生が58人で学年としては一番多い。250人のうち13.2%は背景に進路問題があり、4.8%にはいじめ問題があった。[23]

　8 月後半から 9 月上旬の期間に自殺者が増える傾向を踏まえて、文科省は平成30（2018）年 1 月に自殺予防に関してSOSの出し方に関する教育を、年 1 回

23　日本教育新聞　2018年11月 6 日号より

18歳以下の日別自殺者数

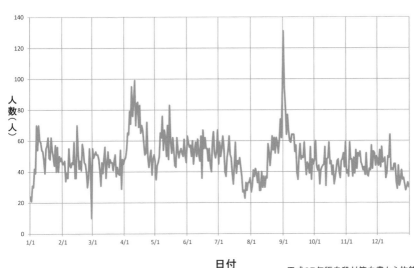

日付

平成27年版自殺対策白書から抜粋
（過去約40年間の厚生労働省「人口動態調査」の調査票から内閣府が独自集計）

【平成27年版自殺対策白書（内閣府作成）の関係記述】

　児童生徒の自殺を防ぐためには、学校や家庭、地域においての対応や連携が重要であるが、自殺が起こりやすい時期が事前に予想できるのであれば、その時期に集中的な対応を行うことで一層の効果が期待できると考えられる。
　18歳以下の自殺者において、過去約40年間の日別自殺者数をみると、夏休み明けの9月1日に最も自殺者数が多くなっているほか、春休みやゴールデンウィーク等の連休等、学校の長期休業明け直後に自殺者が増える傾向があることがわかる。

　学校の長期休業の休み明けの直後は、児童生徒にとって生活環境等が大きくかわる契機になりやすく、大きなプレッシャーや精神的動揺が生じやすいと考えられる。このような時期に着目し、彼らの変化を把握し、学校や地域、あるいは家庭において、児童生徒への見守りの強化や、児童生徒向けの相談や講演等の対応を集中的に行うことは効果的であろう。

図4-9　18歳以下の日別自殺者数（文科省）

以上実施することなどの教育推進を行った。同年 6 月には「児童生徒の自殺予防に係る取組について（通知）」を出した。この通知のなかで、学校における早期発見の取り組みとして、長期休業の開始前からアンケート調査、教育相談等を実施して、悩みを抱える児童生徒への対応、そして長期休業の終了前にも教職員の共通理解や保護者、医療機関等との連携など組織的対応を怠りなく行うことを明記している。

　文科省が自殺予防に関して参考と挙げているものは、以下のとおりである。
・「18歳以下の日別自殺者数（平成27（2015）年版自殺対策白書（抄））」
・「24時間子供SOSダイヤル（0120－0－78310）」
・「子供に伝えたい自殺予防」
・「教師が知っておきたい子供の自殺予防」
・「子供の自殺が起きたときの緊急対応の手引き」
・小学生用啓発教材「わたしの健康」、中学生用啓発教材「かけがえのない　自分　かけがえのない健康」、高校生用啓発教材「健康な生活を送るために」

第6節　問題行動の指導

(1)　懲戒と体罰

　学校教育法11条で、「校長及び教員は、教育上必要があると認めるときは、文部科学大臣の定めるところにより、児童、生徒及び学生に懲戒を加えることができる。ただし、体罰を加えることはできない」、と定められている。
　「懲戒」と「体罰」の中身、その違いはどうなっているのか。東京都教育庁の報道発表の資料を参考にしてみよう。
・「懲戒」とは
　　教員が児童生徒に対して、戒めるべき言動を再び繰り返さないという、教育目的に基づく行為や制裁を行うこと。
・「体罰」とは
　　懲戒のうち、教員が児童生徒の身体に、直接的又は間接的に肉体的苦痛

を与える行為である。体罰には、叩く、殴る、蹴るなどの有形力の行使によるものと、長時間正座や起立をさせるなどの有形力を行使しないものがある。これらは法によって禁じられている。

　体罰はその態様により、「傷害行為」「危険な暴力行為」「暴力行為」に

表4-5　体罰

行為の分類		ガイドライン		
名称	特徴	内容	具体例	想定される事例
体罰	傷害行為 (肉体的苦痛)	懲戒のうち、教員が児童生徒の身体に、直接的・間接的に肉体的苦痛を与える行為 【直接的】強くたたく、殴る、蹴る、投げるなど 【間接的】長時間にわたる正座・起立等	有形力の行使により、物理的な力の程度や肉体的苦痛の有形無形に関わらず、出血、骨折、歯牙破折、鼓膜損傷等の傷害を負わせた場合	・授業中ふざけていた生徒を数回注意したが従わず、さらに増長したため生徒を押し倒し骨折させた。 ・メールで友人の中傷を繰り返したため、事の重大性をわからせるため頬を平手打ちし鼓膜損傷させた。
	危険な暴力行為 (肉体的苦痛)		一歩間違えば重大な傷害を負わせる可能性のある、急所・頭部・頸部に対する、あるいは棒や固定物を使用して有形力を行使した場合や、柔道等の格闘技の技を用いた場合、又は椅子を投げ当てるなどした場合	・学級会で協力せず、他の児童の迷惑になる行動をしている児童に向かって、椅子を投げた。 ・柔道有段者の教員が、廊下で反抗的な態度の生徒を背負い投げし床にたたきつけた。
	暴力行為 (肉体的苦痛)		頭・頬を叩く、突き飛ばす、足・臀部・脇腹を蹴る、髪を引っ張り引き倒す、長時間廊下に立たせる、長時間ランニングさせるなどした場合	・試合中にミスをしてチームが負けてしまったことの戒めとして、生徒のほほを複数回たたいた。 ・体育授業中、何度注意してもまじめにやろうとしない生徒が唾を吐いたため、後ろから足を蹴った。

分類される。

　体罰ではないが、暴言や行き過ぎた指導も体罰と同様に教育上不適切な行為として許されない。（表 4 − 5 は、東京都教育庁『体罰の定義・体罰関連行為のガイドライン』報道発表、平成26（2014）年 1 月）

　表 4 − 5 にあるように、懲戒のうち児童生徒に直接、間接を問わず肉体的苦痛を与えることは、「体罰」である。下記の事例の場合、最高裁の判決は「体罰」ではないということだが、懲戒との境界の曖昧さは残るといえる。

　事例〈小学校 2 年生の男児が 6 年生の女児数名を蹴ったうえ、教員に対しても蹴るなどの悪ふざけをしたため、教員が児童を追いかけ捕まえて、児童の胸ぐらをつかみ壁に押し当て、大きな声で「もう、すんなよ」と叱った。〉

　裁判所は、「教員の行為は、児童の身体に対する有形力の行使であるが、他人を蹴るという児童の悪ふざけについて、今後そのようなことをしないように児童を指導するために行ったことであり、悪ふざけの罰として児童に肉体的苦痛を与えるために行ったものではないことが明らかである。教員は自分自身も児童の悪ふざけの対象となり立腹して行動を起こしており、やや穏当を欠くところがなかったとはいえないとしても、本件行為は、その目的、態様、継続時間等から判断して、教員が児童に対して行うことが許される教育的指導の範囲を逸脱するものではない」と判断した。（「体罰と懲戒の境界」legalus.jp 2018.8.30より、著者作成）

　"他の児童生徒に被害を及ぼすような暴力行為に対して、これを制止したり、目前の危険を回避したりするためにやむを得ずした有形力の行使について、体罰に当たらない。このような行為は正当防衛又は正当行為等として刑事上又は民事上の責めを免れうる。"
　さらに「懲戒」と「体罰」の違いについては、"児童生徒の年齢、健康、心身の発達状況、当該行為が行われた場所的及び時間的環境、懲戒の態様等の諸条件を総合的に考え、個々の事実ごとに判断する必要がある"と基本的考え方

が述べられている。[24]

表4－6　国公私立平成30(2018)年度の体罰発生の状況（合計件数）

カッコ内は平成29（2017）年度

	発生学校数
小学校	171(179)
中学校	245(220)
義務教育学校	2(1)
高等学校	256(284)
中等教育学校	4(2)
特別支援学校	19(13)
合計	697(699)

　体罰の発生場所は、小学校は教室での授業中が52.5％、中学校、高等学校では、それぞれ教室が32.1％、28.6％、部活動時が26.9％、39.4％で多い。特別支援学校でも授業中の教室が一番多く55.0％となっている。

　体罰の態様については、小学校・中学校・高等学校とも〈素手で殴る・叩く〉が一番で、小学校43.2％、中学校46.3％、高等学校50.9％となっている。特別支援学校でも40.0％、義務教育学校は50.0％、ともに一番である。これに加えて小学校では、〈投げる・突き飛ばす・転倒させる〉が11.5％となっている。（文科省『体罰の実態把握について（平成30（2018）年度）』より）

(2)　部活動における体罰

　文科省の資料によれば、平成24（2012）年度をピークに中学校・高等学校の部活動における体罰の件数は減少している。

24　文科省『体罰の禁止及び児童生徒理解に基づく指導の徹底について（通知）』平成25(2013)年3月

表4－7　部活動における体罰発生件数の内訳（件）

〈中学校〉

	H23	H24	H25	H26	H27
国立	－	0	1	1	0
公立	59	1023	701	111	94
私立	－	50	10	3	1

〈高等学校〉

	H23	H24	H25	H26	H27
国立	－	1	0	1	0
公立	51	576	454	83	58
私立	－	372	63	43	42

（スポーツ庁作成）

(3) 校則

　「生徒心得」「生徒規則」と呼ばれる校則について、定める法令はない。校則を定める権限は校長にあり、学校教育目標の達成のために必要なことを合理的範囲内において校則を制定し、校長は児童生徒の行動などに一定の制限を課すことができる。

　校則の内容として、「通学」「校内生活」「服装、髪型」「所持品」「欠席や早退等の手続き、欠席・欠課の扱い、考査」「校外生活」を例として挙げている。（以上「提要」第7章生徒指導に関する法制度等）

　ここに見られるように校則は学校内外の児童生徒の行動に関するものである。校則は学校教育における教育的指導の範囲内で行われるものである。下記の事例のように教育に関する学校と児童生徒・保護者間の教育観、子供観などの相違により、校則の内容が問われ、裁判所の判定を委ねることもある。

　"児童生徒の成長のためによりよい学校教育の下で円滑に指導を行っていくために、校則の内容及び運用は、児童生徒の実態や保護者の考え方、価値観、地域社会や時代の進展などを踏まえた見直しを常に積極的に行っていく必要が

ある。”（『平成17（2005）年度文部科学白書』）

　1970年後半から80年代にかけた非行のピークのなかで、「服装」に関する中学校・高等学校の校則を通じた厳しい指導も行われた。その時期で生徒及び保護者が学校（長）等を相手に提訴した判例を紹介する。

　「服装」に関する指導は児童生徒の身体的特徴に関する人権問題として、教員ならびに学校の校則による指導の姿勢が問われている。「人権尊重の立場」から校則を考えること、学校は「集団生活を通して学ぶ場という立場」から校則を考えること、この二つの対立する考え方がある。この立場上の考え方と判例で明らかにされた校則の考え方は明確に分けておく必要がある。

　校則は様々な立場、主張による議論を経て、校則という規則と児童生徒の自主・自治を重んじた学校生活との葛藤の上で、学校は今後さらに「校則」のよりよい運用を心がけていかなくてはいけないだろう。

◎「校則」に関する主な事件とその判例
《服装・頭髪》
〈熊本男子中学生丸刈り事件、昭和60（1985）年〉
　　町立中学校に在籍していた男子生徒とその両親が原告となり、同中学校校長を被告として同校長が制定・公布した同校服装規定のうち男子の髪型について「丸刈り、長髪禁止」と規定した部分（以下、本件校則）の無効確認ならびに無効であることの周知手続請求、校則違反を理由とする不利益処分の禁止を求めた。同時に町を被告として損害賠償請求を行った。これに対し、熊本地裁は、本件校則の無効確認ならびに無効であることの周知手続請求、不利益処分の禁止を求める請求のいずれも不適法であるとして訴えを却下した。損害賠償請求についても原告の主張を退けた。

　　この熊本地方裁判所の判決理由は、〈男子の長髪禁止の校則の規定は一般処分ではなく行政処分である。長髪禁止については生徒の人格的自由にかかわることから、単に学校内部の問題にとどまらず、司法審査の対象と

なる行政処分である。長髪禁止を規制することは訓示規定にすぎないが、制裁規定までおいている場合は男子生徒に法的義務を課していると解することができる。しかし、その場合であっても、校則が当該学校に入学してくる不特定多数の男児生徒に対して一般的、抽象的な法規範を定立することを内容とするにすぎないから、校則の制定は行政処分に当たらない。〉という法律、訴訟法の立場による論拠による。（大島佳代子『わが国における校則訴訟と子どもの人権』tezukayama-u.ac.jp 2018.8.30より）

＊「現行法上、公立中学校においては、退学や停学といった懲戒処分を行うことができない。
　学校教育法11条の規定を受けた同法施行規則13条2項は懲戒処分を退学・停学・訓告の3種に限定している。そのうえで同規則同条3項は、公立の小学校、中学校（中等教育学校等の中高一貫校を除く）に対する退学処分を、4項は義務教育中の児童生徒に対する停学処分を認めていない。

(4)　出席停止

　法律に基づき児童生徒に対して学校に出席をさせない処置である。「性行不良の児童生徒に対するもの」と、「健康安全の確保による」二つの異なる出席停止がある。それぞれ根拠の法律が異なっている。

①　学校教育法に基づく出席停止

〈学校教育法第35条〉
　市町村の教育委員会は、次に掲げる行為の一又は二以上を繰り返し行う等性行不良であって他の児童の教育に妨げがあると認める児童があるときは、その保護者に対して、児童の出席停止を命ずることができる。
　1　他の児童に傷害、心身の苦痛又は財産上の損失を与える行為

> 2　職員に傷害又は心身の苦痛を与える行為
> 3　施設又は設備を損壊する行為
> 4　授業その他の教育活動の実施を妨げる行為

　この条文の趣旨は、当該児童生徒への懲戒ではなく、当該児童の行動等が学校秩序を著しく乱す場合に、秩序を回復、維持し他の児童生徒の義務教育を受ける権利を保障する点にある。

　出席停止の処置は当該児童生徒への個別な指導ではない。条文にあるような行為がある場合に、他の児童生徒の学習等の活動を妨げる行為が繰り返された、あるいは繰り返されるおそれがあるからである。この条文による出席停止の措置について教育委員会は、あらかじめ保護者の意見聴取、出席停止の理由と期間を記載した文書を交付しなくてはいけない。（同条2項）そして、当該児童生徒の出席停止期間中の学習を確保するための支援、その他の教育上必要な措置を講じる必要がある。（同条4項）

　児童生徒の義務教育を受ける権利を保障しなければいけない。このため当該児童生徒とその他の児童生徒が、教育を受ける権利を保障することが重要になる。

　出席停止の児童生徒は、対教師や生徒、対人暴力、器物損壊、授業妨害、いじめがその理由と挙げられる。これら問題行動の発生、その対応はもちろん生徒指導を担う教員すべてが努力し問題行動の減少に努めていかなければならない。特にこの出席停止は当該児童生徒の個人的な問題行動にとどまらず、他の生徒の教育に及ぼす影響が生じるところに特徴があるといえる。問題行動による影響が起こらないような指導、そして生徒指導による日常的な事前指導が必要とされる。

　他の児童生徒への指導では、被害を受けた児童生徒の心身のケア、学校内の秩序の回復や出席停止が終わったあとの当該児童生徒の円滑な受け入れについても、児童生徒に対しての指導を適切に行っておくことも大切である。

　出席停止期間中の当該児童に対する家庭における監護や指導について

も、期間中のみに限らずこれからの学校生活さらに将来にまで目を向けて、保護者と話し合いながら、児童生徒の成長を見守る姿勢が重要である。学校としての支援協力体制を十分伝えることも大切になる。

② 学校保健安全法に基づく出席停止

〈学校保健安全法第19条〉
　校長は、感染症にかかっており、かかっている疑いがあり、又はかかるおそれある児童生徒等があるときは、政令で定めるところにより、出席を停止させることができる。

　学校保健安全法施行規則18条に学校において予防すべき感染症が定められている。指定されている感染症は第1種から第3種の3種類で、それぞれの出席停止期間は同法19条に定められている。

　ちなみに2種は飛沫感染するもので児童生徒の罹患率が高いため、学校での流行を広げる可能性が高い。インフルエンザ、百日咳、麻疹、流行性耳下腺炎、風疹、水痘、咽頭結膜炎、結核が分類されている。3種も学校において流行を広げる可能性があるもので、腸管出血性大腸菌感染症、流行性角結膜炎、急性出血性結膜炎である。3種には「その他の感染症」という項目がある。具体的には溶連菌感染症、手足口病、ヘルパンギーナ、マイコプラズマ感染症などで、これらは流行を防ぐために校医の意見を聞き、校長が感染症として措置をとることができるものである。

　これら感染症に罹患した場合は、児童生徒は出席停止の処置がとられ、保護者や家庭の判断で登校させることはできない。学校医等の医師の許可をもらい治療（癒）証明書を持って登校する。現在はネット環境整備が学校でも進んでいるために、幼い児童に証明書を持たせ登校させることもなく、インターネットを利用して証明書を送信できるようになってきている。

第5章　指導の心得

　生徒指導は学校教育のあらゆる場所、時間に行われるもので、特定の教員の
みに任されていることではない。また、授業研究、教材研究を行う学習指導と
ともに重要な指導である。授業については、専門領域ごとにアカデミックな研
究があり、そこから得られる専門の知識は授業を創造し実践する教員には必要
になる。生徒指導においては、このように専門領域に基づく指導原理というも
のはなく、教員の経験知に頼って行われてきたことは否めない。確かに教職年
数の多い教員の生徒指導や保護者対応には学ぶべきもの、マネできることが少
なくない。「提要」の内容をみればわかるように、原理として挙げていても、
それさえ心得ておけば生徒指導に間違いはなく、成果がみられるとは言い難
い。

　なぜだろうか。機能としての生徒指導だからである。働きかけや働き方には
「これだ」と言われることはない。ただし、毎年の文科省の調査報告、多くの
実践者の経験知からもたらされた指導に関する言葉は重要な指導指針となって
いることは間違いない。

　以下ではこうした指導指針として実践の場で使えるものを参考に、先輩教員
がどんな表現、言葉を使って生徒指導を行ってきたかを学ぶことは決して無駄
ではないと考え、紹介することにする。

　指導の心得とは、指導における共通理解として押さえておくべきことであ
る。教職員が共通理解のもとに生徒指導を行うことで、教員それぞれのブレな
い指導が実践され、期待できる。問題行動の章でも述べたが、児童生徒の観察
の仕方や生徒指導の基本のやり方を示し、教員が共通理解したらブレない指導
が実現するとは言えない。この理解の上にさらに、どう指導していくか、どの
ような指導をすべきかの「認識の共有」をしなければならない、ことを改めて

述べておきたい。

第1節　児童生徒をよく見ること

　「よく見ること」これが始まりで、これしかないと言えるだろう。教員は意外と子供たち一人一人のことを見ているようで見ていない。改めて考えてみたい。教員がやってはいけないことは、「見ない」「見ようとしない」「見えない」ことだと考える。事実としての「見ない」、「見ようとしない」は意思（英語のwill）であり、児童生徒の様子を見ようとしないことはまずいことである。「見えない」はできないことで（英語のcan）である。「見ようとしない」と「見えない」教員がいるとして、どちらがまずいだろうという問いがあれば、どう答えるだろうか？

　よく見ることは相手を「気にしている」と言えるだろう。相手すなわち子供が「気になる」から「気にする」、そして「気にかける」と変化していくことが教員にとっての指導を高めていくことにつながると私は考える。

　授業内そして授業外の様々な時間で、児童生徒の10の観察ポイントをいくつか挙げてみたい。[1]

　①対象を決めて観察する。：4月の最初の出会いで担当学級の子供を一日に一人決めて観察することから始めると色々なことがわかる。

　②観点を決めて観察する。：教育実習中の一日ごとに「今日は〜を目標にして見てみよう」と決めた観察と同様で、観点を定めると子ども同士の違いもわかってくる。

　③定点観察をする。：学級や学校の何処か、あるいは一日のうち決めた時間で観察をすることから、ふとした変化を感じ取ることができ、時にそれが事件を未然に防ぐことにつながるかもしれない。

　④学級の人間関係を観察する

1　これらの観察項目は堀裕嗣『生徒指導10の原理・100の原則』学事出版社、2011年を参照した

：子供たちは昨日まで仲良く遊んでいたのに、今日は…と言うことがよく
みられる。授業中だけでなく様々な時間のなかで、まずは「気になる」
子供の観察から始めても良いだろう。

⑤学級を越えた人間関係の観察

：中学ともなれば学級の友人ばかりでなくクラブ活動等の人間関係が構築
される。さらに学校の人間ばかりでなく幼稚園や小学校、塾、スポーツ
クラブ等の友人関係にまで、関心をもって調べておけば、喫煙や飲酒な
どの非行行為の人間関係が理解できる。

⑥子供の持ち物の変化を観察

：机の中の整理、靴箱の靴の様子、ノートの使い方、不必要なものの携帯
などは、子供の精神状態を表すバロメーターと言える。

⑦授業前後の子供の実態を観察

：専科教室への移動や授業後の学級へ戻る際の様子、休み時間やこうした
移動の時間にいじめ行為があることを知っているかいないかで、教師の
指導力が試される。

⑧休み時間の行動を観察

：所属の学級から離れ異学年、異学級へ行くトラブルメーカーの児童生徒
の行動を観察することで、行動範囲の外に友人関係の把握ができ子ども
理解が深まる。

⑨休み時間は「素」の観察ができる

：授業中や教員が管理する時間以外の例えば休み時間に、友人に見せる顔
が変わる子供を見つけたら、その理由や原因を探ることでいじめの被害
者または加害者が見えてくることもある。授業中であれば、発言や発表
を行っている子供ではなく、それを聞いている他の子供の様子に気をつ
ける。彼らは「素」の状態で授業時間を過ごしている。彼らの現状を垣
間見ることができるかもしれない。

⑩気になる行動や表情、顕著な変化は必ず記録する

：問題行動にかかわることだけでなく、良い傾向、善行も記録することは
必ず指導の役に立つ。私はB6のメモ帳を持ち歩き、子供の様子だけで

　　なく、授業の予定、実施、反省や気づいたことを記録したことが、児童
　　生徒理解の助けになった。

第2節　生徒指導の基本

　問題行動の解決だけではないが日頃から〈児童生徒を観察すること〉を地道
に行っていくことが、一番生徒指導の成果をあげる。生徒指導だけでなく児童
生徒の観察は彼ら一人一人を理解するために欠かすことができない。普段から
の観察があって、事が起こったりした時の指導が生きる。指導の基本は〈事実
の確認〉であり、その実践が大切である。

⑴　指導の基本〜「事実」の確認〜

「事実」の確認を怠らずに指導を

　たとえばSNSやネットのいじめの事実を確認することは難しい。ただ噂とは
違って、記録がスマホやコンピュータに残り発信元を確認できることから事実
の把握が可能である。誹謗中傷に関しては書き込みがされたサイトの管理人へ
削除を頼む、プロバイダ会社へ情報開示を依頼するなどの手続きを経ること
で、事実を明らかにできる。

　「いじめ」に限らず、学校の内外を問わず生徒指導の対象となる問題行動が
発生した場合に、教員は指導を行う。その際に、どんなことがいつ、どこで、
誰が関与して、どんなわけで問題となったかの「事実」を確認しなければ、指
導ができない。このことをおろそかに先走った行動（指導）を行うことが、問
題解決を遅くしたり複雑化したりするので、注意が必要である。

　意外と教員が陥るのは先入観を持った指導である。先入観は自分の感情を伴
っている。このことを知っておかないと「事実」を把握できない。

⑵　テトラS

「事実」を大切にする指導法〜テトラS〜

　堀氏（注1参照）の本を参考にする前に"テトラS"という生徒指導の方法

を紹介する。「事実」を把握することで生徒指導の成果を上げた学校の指導法である。[2]

　教員による学校、学級の雰囲気作りは重要だが、雰囲気を作るためのもととなるものは「人間関係」である。教員間、生徒と教員間、生徒同士の人間関係構築を基礎として、荒れた中学校を短期間で立て直した指導方法が"テトラＳ"という教員間の連携による指導である。

図5－1　テトラＳによる学校再生のサイクル（カッコ、下線等引用者により修正）

現状把握 （事実把握） ↓	校内の問題をカードに客観的に書きだす
ま と め （KJ法を利用） ↓	内容が似ているカードをまとめ、それぞれに要約したタイトルをつける
現状分析 ↓	なぜ生徒がこのような行動をするのか、意見、思いを出し合う
問題提起 ↓	学校内の問題点を整理し明らかにする
目標設定 ↓	どの問題の解決に優先的に取り組むかを決め、具体的にどう取り組むか、実践可能な目標を設定する
評　　価	毎日、目標に対してどれだけできたかチェックリストで自己評価（数値化）する　グループで実践の度合いを確認し合う

2　ベネッセコーポレーション、ベネッセ教育研究開発センター『VIEW21（中学版）』2005年4月号　特集「学びに向かう集団づくり」

　著者も実際にテトラSを取り入れたこの学校で校長ならびに担当教員から話
をうかがった。学校では教員を学年ごと等でいくつかにグループ分けをして、
毎週あるいは複数週でテーマ（例、掃除当番時の生徒の行動）を決め学校全体
で個々の生徒の行動の事実のみを集めて、教員が意見や考えをグループごとに
出し合う。このなかで、常に掃除をさぼっている生徒が、廊下のごみを拾って
いたという報告が出され、指導の言葉かけや働きかけを改めて話し合ったこと
もあったそうである。事実から見えてくる生徒の姿は多くの目で見るとひとり
の生徒に関して、自分一人では把握できない様々な情報が教員間で共有でき
る。

　テトラSの大きな成果は、生徒の「事実」のみを見つめた指導法を学校全体
の教員で話し合い実践したことといえる。教員の仕事上で、遅刻常習者や忘れ
物常習者がいれば、「また～さんは」「しょうがないな、いつも遅れて（忘れ物
をして）」とつい口から出てしまう。"また" "しょうがない" は口にした教員の
思い、感情であるから、事実ではない。指導において「事実」を述べる、把握
することは意外と難しい。テトラSは難しいがゆえに、教員みんなで実行しよ
うという共通理解があったから、現状分析から目標設定にいたるまでの協働作
業がうまくいった。担当の教員は "教師の世界は独立独歩の雰囲気が強いので
すが『テトラS』が教師の垣根を取り払ってくれました" と話している。

　教員の共通理解のもとでの指導では、チャイムが鳴っても教室に入らずうろ
うろする生徒が目立っていたので、空時間の教員がチャイムと同時に授業が開
始できる環境づくりを毎時間行った結果、若干の生徒がうろうろしていた程度
となった。実際に筆者が訪問した時は指導の成果が表れていた。

(3)　「事実」の確認～指導[3)]

　テトラSの活動を通して、教員間の共通理解、指導の基本に「事実」の確認
が必要なことがわかったと思う。この確認を行うことで児童生徒間の話の食い
違いや、指導方針の共有等が円滑に進む。

3　注1堀氏の本を参照。

「事実」の確認は、トラブルが生じた場合の初動と心得て指導を行う。

・事実の確認

ⅰ）一対一で事実確認。例えばA君とB君がケンカして目撃者がC、D、Eの3人いたとすれば、5人それぞれにできれば教員をつけて一人一人からケンカの事実確認を行う。集団で行えばお互いの関係から遠慮や不誠実な証言が出てくる。

ⅱ）大事なこと。テトラSで見たように、事実のみを記録することが求められる。もちろん児童生徒に対しても、行ったこと、見たこと、言ったことなどを意見や感想を入れずに話すように初めに伝えておく。

　　B君が"A君が何もしないのにいきなり蹴りを入れてきた"と言ったとすれば、"何もしていない君にA君が蹴ってきたんだね。A君何か言っていなかった？"B君の応じ方をみながら質問をたたみかけて、事実を探っていく。

ⅲ）いつ、どこで、だれが、どんなことをした（言った）を時系列を明らかにしながら確認する。お互いの言ったことがこの5つの具体的な事実のなかで確認できる。

　　もし異なった点が出たならば、次の作業は異なる点の確認となる。

ⅳ)一人一人から聞いた内容を関係者全員で確認する。もし異同があれば全員のいるところで確かめる。"私たち（教員）がわかったことをまとめたので、今から話します。最後までよく聞いて下さい。もし事実と違うことがあれば後で聞きますから。"と言って始める。

・指導

ⅴ）関係者全員、話を聞いた教員全員で事実の全体が確認できた時点から、「指導」の開始となる。ここで一旦指導として、何がいけなかったのか、どうすればよかったかなどを説論する。関係者と直接授業等で接することがない（あるいは少ない）教員が行うことを原則とする。

ⅵ）ⅳ）ⅴ）によって、関係者が納得したら、この結果を生徒指導担当教員

から生徒指導部と管理職へ報告する。内容は「確認できた事実内容」「それに基づく指導方針・計画」などになる。関係者個々への指導も開始されるので、担任など普段接している教員から改めて今回の事件の振りかえり、反省を踏まえ今後の行動ならびに気持ちの持ちかたを説論する。

　説論が終わったところで、保護者への連絡を行う。もちろん指導方針を伝え、家庭理解と協力を仰ぐ。この連絡は電話かそれとも来校を依頼するかなど臨機応変の対応が求められる。事件が重大、難しいものであれば生徒指導主事（生徒指導推進者）や管理職と今後の指導等について話し合いをしなければいけない。

vii）時には関係者のなかで「嘘」をつき発言したことが発覚することがある。自己保身の場合が多い。罪を軽くしたいため、あるいはやっていないと無実を主張する嘘である。小学校高学年であればこのような主張をする。「嘘」に対しては厳しい指導が必要である。担任ばかりにこの役を任せるのは、その後の学級経営に影響もあるために、生徒指導担当者あるいは管理職がその任にあたることがよい。

＊「教員独りで対応しなければいけない場合」

　一人一人別に「事実」の確認ができないために、一同に同じ場所に集めて、例えば上記のケンカであれば、"A君とB君のケンカを一番よく見て知っている者は誰か"と尋ね、その者に話してもらう。メモ（記録）をとることを忘れないように。この場合はiv）のように、「事実と違っているところは後で聞くから、最後まで聞いてから発言するように」と指導する。後はv）からと同じである。

第3節　学級経営、ホームルーム経営

　中学校学習指導要領総則第1章第4の1の（1）では、学級経営について次のように書かれている。小学校も同じ内容が書かれている。

> 学習や生活の基盤として、教師と生徒との信頼関係及び生徒相互のより
> 良い人間関係を育てるため、日頃から学級経営の充実を図ること。また、
> 主に集団の場面で必要な指導や援助を行うガイダンスと、個々の生徒の多
> 様な実態を踏まえ、一人一人が抱える課題に個別に対応した指導を行うカ
> ウンセリングの双方により、生徒の発達を支援すること。

　高等学校の学習指導要領では、この学級経営（高等学校はホームルーム経営）の項目は新設である。高等学校でこの経営に言及されたことの背景には"個々の生徒の特性を的確に捉え、適切な指導・援助を高等学校の全教育活動を通じて行う必要がある。"[4]と書かれ「生徒の発達支援」の指導を充実していこうとする姿勢がうかがえる。

　小学校・中学校・高等学校もこの内容に続いて、生徒指導の充実を図るための3機能が挙げられている。そして「特別な配慮を必要とする児童生徒への指導」の項目が3校種のすべてに設けられている。上の中学校の学級経営にも「多様な実態を踏まえ」「一人一人が抱える課題に個別に対応した指導」を行うこととあるように、障害を抱えた者、不登校や海外からの帰国者、外国籍の者たちへ配慮ある指導について述べられている。

　児童生徒の多様性を認め、その存在を否定せずに教育の場で個性を伸長し社会に生きる力を育てていく。

　中学校・高等学校の教員は担任をしない教員もいるが、授業をどう創り出すか、教材研究を行う際に、対象とする生徒の状況把握が欠かせない。一人一人の生徒の多様性を踏まえた指導は学級経営を行う担任と異なるところはない。この内容がそのままどの教員にも当てはまる。

(1)　PM理論

　「PM理論」は企業の経営者の資質能力に関して三隅二不二氏によって提唱

4　高等学校学習指導要領（平成30（2018）年告示）解説総則編、144頁

された理論である。企業のトップに求められることは担任として学級経営を行う教員にも通ずるものとして使われている。

　学級経営に関しては、「縦糸・横糸理論」がある。縦糸とは教師と子どもの関係づくりで、学級での決まり・ルールを守ることを通して、学校生活を送る上での基本をしっかり身につけることを中心とする。横糸とは子ども同士の関係づくりで、毎日の学級生活を過ごしやすく一人一人が認められる学級の雰囲気を育てる基本の人間関係の構築である。

　「PM理論」のPはPerformance機能で目標達成能力、MはMaintenance機能で集団維持能力を指す。縦糸がP、横糸がMということになる。

　P機能は目標設定、計画立案、指示などで、学級全体の能力向上、効果的な生産性を高めるために役立つ。M機能は学級のメンバーの人間関係を良くして円滑な交流を進めることで、チームワークの維持・強化に役立つ。

　PMの関係は図5−2のようになる。大文字と小文字の違いは、その機能が発揮されるのが大文字で反対に十分発揮されていないものが小文字で表されている。

　理想的な学級担任像はPMで目標達成能力も、集団維持能力も高い。

　旧来の生徒指導担当教員はPm型が多い、教職年数が比較的少ない教員はｐM型が目立つ。ｐｍ型の担任の学級は秩序が乱れ、学級の人間関係もぎくしゃくしてしまう傾向がみられる。

　担任として行う学級経営は企業のトップ経営者と同じで、集団をまとめ目標に向けて良い方向に導く能力が問われる。教育関係だけでなくこの点で「リーダーシップ論」の本を読むこともよいだろう。一つだけ本からの引用をする。

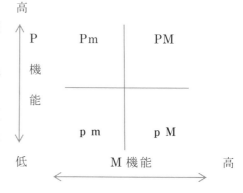

図5−2　PM理論における、PとMの関係

〈あなたは役に立っている。成員の全体での位置を明確にし、仕事に取り組む〉[5] この言葉は、リーダーとして学級経営を行う教員、その他の教員にもあてはまる。

(2)　学級経営の基本

学校教育の目標達成のためには、学年目標そして学級目標が決められる。学級という単位のなかでリーダーとして子供たちを導くためには、毅然とした態度も必要だが、一番は信頼される人間であること。小学校の児童、特に低学年の子供たちの感性は鋭い。この鋭さが担任教員の嘘を暴く。保護者や先輩の教員と話す時と学級での話し方の違いから、担任の本性を見抜く力を彼らは備えている。

学校の教育活動において担任としての事務的仕事は、「学級経営計画」「学習指導」「生活（生徒）指導」「教室環境づくり」「学級事務」「校内外の連携」など多岐にわたっている。

児童生徒の健全な成長を支援するためには、日々の授業だけでなくこのような事務仕事も大切である。学級における人的環境、物的環境を整えた学級経営が期待されている。

ⅰ）児童生徒理解

児童生徒理解のために、いままでその内容と指導方法を述べてきた。ここでは、理解に必要な教員の心構えについて述べていく。

児童の感性の鋭さに触れたが、中学生や高校生においても担任だけでなく教員の言動は常に注目されていると心得ておく必要がある。言葉で表現すれば「公平」「偏見」「差別」「真摯」「向き合う」など様々な言葉がある。

特に先入観は児童生徒理解のさまたげになる。これについては「事実」の確認のところで述べたとおりである。これも言葉としては、「また」「やっぱり」「いつも～のに」「しょうがいない」などを言葉に表さずとも、心の中で

5　釘原直樹『腐ったリンゴをどうするか？』三五館、2015年　173頁

児童生徒に対して思っていることが彼らに伝わってしまうことを肝に銘じて
指導にあたらなければいけない。

　そして「信念を曲げる」ことは指導のブレにつながる。教員として仕事を
するなかで、どのような教育観、指導観、授業観を持とうが〈自分はこうす
る。そのために信念があるし、自分に嘘はつけない〉ということを守ってい
くことである。

　児童理解のためにはもちろん年齢発達段階の知識・理解がなくてはいけな
い。それ以上に〈人間が好き〉でなければいけないと思う。通信教育部で学
び教員になった私の知り合いが、通信生を前にして言った言葉は、"子供が
好きは当たり前。クラスという集団を好きかが問題である。"（下線は著
者）

ⅱ）対話

　学習指導要領では「主体的、対話的で深い学び」が提唱され、このために
アクティブラーニングの活用・指導が推奨されている。

　「対話（ダイアローグ）」と「議論（ディベート）」の違いは？一度考えて
みた方がよい。文科省の文言ではこの違いは明らかにされていない。私の考
え方が正しいかどうかは別にして、「対話」のある教育、指導についての見
識を広めるためにあえてここに記しておく。

　鷲田清一氏は平田オリザ氏が、「対話」と「ディベート」の違いを簡潔に
表現していることを紹介していた。"（平田オリザ氏は）ディベートは話す前
と後で考えが変わった方が負け、ダイアローグは話す前と後で考えが変わっ
ていなければ意味がない。"[6]

　ディベートは○か×か、右が左かなどの二項対立のテーマで、意見を戦わ
し自分の意見や考えをいかに相手に伝え、相手との議論を制覇できるかどう
かが問われている。そこでは考えを変えることは自分の負けを認めることに
なる。

6　朝日新聞朝刊連載『折々のことば』1027、2018年2月2日

　これに反して、対話すなわちダイアローグ（Dialog）は答えがない、曖昧な問いに対して対話の相手と考えや意見を交わしながら、自分の浅薄な考え方を認めたり、多様な考えを受容したりしながら、学びを深めていくことである。

　社会で通用していることや辞書に書かれたものをもとにした浅薄な考え方をドクサ（臆見）として退け、対話を通して自らの中から導き出された考えを大切にして、その苦労を「産みの苦しみ」と称しているのが、古代ギリシャのソクラテスの『産婆術』による対話法である。

　「対話」は相手と一緒に考え、自らの考え方を変えていくことを期待できる。相手と言葉のキャッチボールが必要となる。また、しっかりと相手の考えや意見、感じ方を聞く態度も求められる。さらに対話のための環境づくり、雰囲気づくりも大切になるだろう。

　生徒指導に関していえば、指導の対象である子供が口ごもり、モノローグ（Monolog）「独り言」「独白」をしたときには、適切な言葉かけからダイアローグ（Dialog）をして、コミュニケーションを図ることもできるだろう。子供にとっては自分の独り言を聞いて受け入れた相手（教員）がいることで安心し話ができる。

ⅲ）雰囲気づくり

　上にも言及した「雰囲気」であるが、いじめを生んだりする学級の雰囲気は教員が作り出すものであることを肝に銘じておかなければいけない。「いじめ」の項でも触れたが、いじめが発生する人的環境（条件）のなかに友人関係だけでなく、子供と教員の人間関係がある。

　PM理論のM機能を基本にどのような学級の場の雰囲気ができるか、担任の腕の見せ所である。常に子供が担任又は教員と話ができる雰囲気、学級その他の場で友人と気楽に話ができる雰囲気づくりは大事なことである。物的な環境づくりも大切になる。

　小学校の教室環境よりは幼稚園・保育園の教室環境は子供たちの活動に適していると考える。中学高校になれば、ホームルーム教室には机と椅子だけ

の殺風景な場が想像できる。子供も大人もゆったりとした気持ちになることができる空間が望ましいことに違いはないだろう。環境としての学校づくりは建築家の学校に対する考えが如実に現れる。オープンスペースや光がふんだんに差し込む空間、緑が豊かな空間づくりなど、全国にたくさんの子供たちの心身の発達に適した学校づくりが行われている。[7]

第4節　新たな地域の学校の活動と地域の連携

　学校が地域に開かれた学校としてその活動を行っている。コミュニティ・スクール（学校運営協議会）の取組は全国的に拡大しながら続いてきた。さらに地域で学校活動を支援する「学校支援地域本部」事業の活動が平成20〜28（2008〜2016）年に行われた。この事業には教育基本法の改正が関わっている。

　さらに地域での子育て支援を強化する取り組みが、翌年の平成29（2017）年3月の社会教育法の改正により「地域学校協働活動」事業に引き継がれた。根底にある法律は社会教育法であり、地域の課題解決を行い将来のために持続可能な社会づくりの取組となった。

　地域の様々な機関、施設と人々をつなぐこの取組は、少子化を控えた我が国の将来のために社会を支える子供たちの健全な成長を支え、かれらの活動を支援することが地域社会の活性化、持続可能な社会づくりへとつながっていくという考えのもとに行われる。

　地域の教育力の低下や家庭の孤立化を防ぎ、学校が抱えている複雑化・困難化した問題解決を、地域総がかりで対応していくことが求められている。そのために地域と学校がパートナーとして連携・協働するための組織的・継続的な仕組みを必要とする。この活動は、学習指導要領の「社会に開かれた教育課程」の実現にも適っている。

　コミュニティ・スクール（学校運営協議会）の活動は従来通りで、学校と地

7　一つの例として、工藤和美『学校をつくろう！─子どもの心がはずむ空間』TOTO出版、2004年

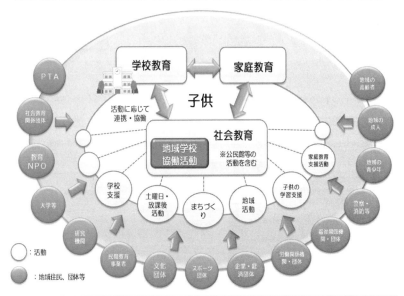

より多くの、より幅広い層の地域住民、団体等が参画し、目標を共有し、「緩やかなネットワーク」を形成。

- 次代を担う子供たちに対して、どのような資質を育むのかという目標を共有し、地域社会と学校が協働。
- 従来の地縁団体だけではない、新しいつながりによる地域の教育力の向上・充実は、地域課題解決に向けた連携・協働につながり、持続可能な地域社会の源となります。

地域学校協働活動は、平成29年3月の社会教育法の改正により、法律に位置付けられました。
　改正後の社会教育法において、教育委員会は地域学校協働活動の機会を提供する事業を実施する際には、地域住民等と学校との連携協力体制の整備や、普及啓発活動などの措置を講じることとされています。
　また、地域と学校をつなぐコーディネーターとしての役割を果たす者について、「地域学校協働活動推進員」として教育委員会が委嘱できることとする規定が設けられました。

図5-3　地域学校協働活動の概念図（文科省）

域住民や保護者等が学校運営の基本方針を承認したり、学校で必要な教員の養成をしたり、様々な課題の共有を図りながら学校運営のサポートをしていく。「地域学校協働活動本部」事業との関係は、二つが両輪となって相乗効果を発揮して地域の活性化を図ることが期待されている。コミュニティ・スクールの

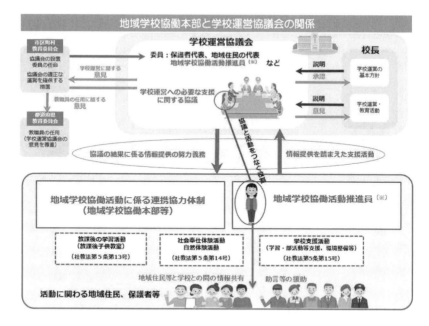

図5−4　地域学校協働本部とコミュニティ・スクール（学校運営協議会）の関係（文科省）

メンバーが「地域学校協働活動推進員」となることにより、二つの活動が密接につながっていくことが考えられる。

　図5−4の学校運営協議会のメンバーと地域学校協働活動推進員を結ぶ線には、「協議と活動をつなぐ役割」と書かれている。さらに矢印が下に伸びて、「地域住民等と学校との間の情報共有、助言等の援助」につながっている。

　ここで丸で囲まれている人物は、『コーディネーター』である。地域と学校、学校と行政等公的機関を取り結ぶ役割を担う人物が、「地域学校協働本部事業」や「コミュニティ・スクール（学校運営協議会）」の成果のカギを握ることは間違いない。コーディネーターはただ情報の橋渡し役ではない。たとえば学校側の主張と保護者等の地域の要望との格差があれば、その調整役として理論的かつ実践的な活動ができなければいけない。

　このような『コーディネーター』の役割を、学校の教職員一人一人が担う自

覚と認識があれば、学校を中心とする地域の活動がより良い形で推進される可能性は大である。教職員は学校の代表者として、地域の人々、保護者たちと話し合うがその際に学校の利益や都合ばかりを優先すると、大津市のいじめ事件の学校・教育委員会のような結果を招くと言える。学校と地域の「境」に立つ『コーディネーター』としての教員の役割を担えることが、今後の教員の資質能力だと私は考える。

　『コーディネーター』の役割、その必要とする能力について、社会における協働や連携の取組の中から、考察を進め、明らかにすることを期待する。

第6章　多様化した子供たちの指導

第1節　性同一性障害の児童生徒

⑴　文科省の対応

　文科省は平成27（2015）年4月「性同一性障害に係る児童生徒に対するきめ細かな対応の実施等について」（通知）を出した。そのなかで性同一性障害者が受けている社会的不利益を解消するため、また、学校における性同一性障害の児童生徒の支援について社会的関心が高まったことから、彼らへの対応が求められた、と書かれている。

　さらに性同一性障害に係る児童生徒だけでなく、いわゆる「性的マイノリティ」とされる児童生徒に配慮ある指導を行うために、教職員の適切な理解の促進が必要である。「性的マイノリティ」だけでなくあらゆるマイノリティの児童生徒について、適切な理解と配慮ある指導が求められる。そのために学習指導要領（「特別な配慮を必要とする児童生徒への指導」）の記述があるといえる。

　『性同一性障害や性的指向・性自認に係る、児童生徒に対するきめ細かな対応等の実施について（教職員向け）』（文科省）で、用語について

　　「性自認」と「性的指向」は異なるものであり、対応に当たって混同しないことが必要です。性的指向とは、恋愛対象が誰であるかを示す概念とされています。

　　「人権の擁護（平成27（2015）年度版）」（法務省人権擁護局）では、性同一性障害の人々は「社会の中で偏見の目にさらされ、昇進を妨げられたりするなど差別を受けてきました」とされています。また、性的指向が同

性に向かう同性愛、男女両方に向かう両性愛の人々についても「少数派であるがために正常と思われず、場合によっては職場を追われることさえあります。このような性的指向を理由とする差別的取扱いについては、現在では、不当なことであるという認識が広がっていますが、いまだ偏見や差別が起きているのが現状です」とされています。

Sexual Orientation（性的指向）とGender Identity（性自認）の英語の頭文字をとった「SOGI」との表現もあります。

まずは教職員が、偏見等をなくし理解を深めることが必要です。

と説明がされている。性同一性障害の人々への偏見とその内容にも言及されていて、教職員の理解が求められている。性同一性障害の人々といっても多様である。次に触れるLGBTの人々だけではない。従来の男と女だけで性別を表してきた文化のもとで、理解を深めていくためには学校内の研修、さらに学校外

平成15年　**「性同一性障害者の性別の取扱いの特例に関する法律」の成立**（平成16年7月施行）

定義、性別の取扱いの変更の審判及びそれを受けた者に関する法令上の取扱いなどを規定しています。

- 以下のすべての要件の下、性別の取扱いの変更の審判を行えること
  一. 二十歳以上であること。
  二. 現に婚姻をしていないこと。
  三. 現に未成年の子がいないこと。（※平成20年に「現に子がいないこと」から改正）
  四. 生殖腺がないこと又は生殖腺の機能を永続的に欠く状態にあること。
  五. その身体について他の性別に係る身体の性器に係る部分に近似する外観を備えていること。
- 性別の取扱いの変更の審判を受けた者に関する法令上の取扱い

平成22年　事務連絡「児童生徒が抱える問題に対しての教育相談の徹底について」発出

↓

平成26年　学校における性同一性障害に係る対応に関する状況調査の実施

性同一性障害に関する教育相談等があったとして、**606件**の報告がありました。
※児童生徒が望まない場合は回答を求めないこととしつつ、学校が把握している事例を任意で回答いただいた件数。

↓

平成27年　「性同一性障害に係る児童生徒に対するきめ細かな対応の実施等について」（平成27年4月30日児童生徒課長通知）を発出

性同一性障害に係る児童生徒についての特有の支援など具体的事項をとりまとめました。

図6－1　性同一性障害に係る取組の経緯（文科省）

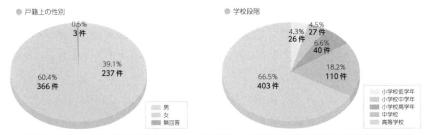

※ 当該調査では、児童生徒が望まない場合は回答を求めないこととしつつ、学校が把握している事例を任意で回答するものであり、これら今回報告のあった件数、戸籍上の男女比、学齢別の分布は、必ずしも学校における性同一性障害を有する者及びその疑いのある者の実数を反映しているものとは言えないと考えている。

図6-2　学校における性同一性障害に係る対応に関する現状（文科省）

でも教員みずから自己研修を積極的行っていかなくてはならない。[1]

　NPO法人によるLGBTについての授業が中学校の生徒にどのように受け入れらたか等の報告書もある。[2] これから性的少数者等の授業を計画するために参考となるだろう。

　図6-1の状況調査の結果報告606件は図6-2に示されている。

(2) LGBT、性的少数者に関する学校の取組

　平成30（2018）年3月20日の日本経済新聞の記事の見出しは、「LGBTに優しい学校にトイレ改修、制服見直し」となっており、記事の内容は愛知県豊川市立一宮西部小学校では、「みんなのトイレ」を男女用とは別に設けたということ。廊下から前室を経て各トイレに入る設計で、誰がどのトイレに入ったかは児童にわからないようになっているという。小学校のトイレを性的少数者に配慮した仕様に順次改修していく方針であると市教委は話している。

　愛媛県西条市立丹原東中学校では、平成28（2016）年11月に「思いやりトイ

1　①砂川秀樹『カミングアウト』朝日新書、2018年、LGBTのうちLGを中心に書かれている。②加藤秀一『知らないと恥ずかしいジェンダー入門』朝日新聞出版、2006年 “この本はジェンダーについてのほんとうの入門書です”と始まっている。③岡部鈴『総務部長はトランスジェンダー父として、女として』文芸春秋、2018年、中年者のカミングアウトまでの心の揺れなど実際のことがわかる。

2　『多様な性に関する授業がもたらす教育効果の調査報告』認定特定非営利活動法人ReBit

レ」を生徒たち自身が作った。性的少数者について上記の市教委同様に校長自ら理解を示し教育活動に取り入れた結果、生徒総会で性的少数者も使いやすいトイレの設置が決まった。トイレだけでなく制服についても性的少数者へ配慮した形の導入を考えている。

　さらに記事では、千葉県柏市立柏の葉中学校（平成31（2019）年4月開校）が同様な配慮のもとに制服導入を、平成29（2017）年市教委や地元小学校関係者と検討会を開き決定したという。

⑶　LGBTに関する調査

①　電通の調査

　広告会社電通が調査した結果によれば、LGBTは全体の8.9%という。同社の2012年調査では5.2%、2015年は7.6%だった。（対象者は全国の20〜59歳の6万人の中から約6300人）[3]

　LGBTのLはレズビアン、Gはゲイ、Bはバイセクシャル、Tはトランスジェンダーの性的マイノリティを表す。

　この調査（対象者は子供たちではないが）、文科省の調査ではそれぞれの学校種で「性的同一性障害者」の数が報告されていることを踏まえれば、学級のなかに配慮を要する子供がいる可能性は少なくない。

②　日高宝塚大学看護学部教授「LGBT当事者の意識調査」[4]

　2016年のオンライン調査。10代から50歳以上までが対象者（10代4.8%、20代37.6%、30代29.4%、40代21.7%、50歳以上6.5%）。約15,000件の分析結果。

　・〈学校教育における「同性愛について」の知識〉

　　「一切習っていない」は全体の7割（10代は48.2%で他の年代に比べて低い）

　・学校生活（小中高）における「いじめ」は全体の約6割が被害経験

3　「電通ダイバーシティ・ラボ」の「LGBT調査2018」
4　www.health-issue.jp/reach_online2016_report.pdf

「いじめ」被害のうち、「ホモ・おかま・おとこおんな」などの言葉に
よるいじめ被害率は63.8%、服を脱がされるいじめ被害率は18.3%
・〈先生がいじめの解決に役立ったか〉
「役立った」は全体の13.6%
年代別では10代が19.9%で一番多く、50歳以上では6.8%
・〈カミングアウトの状況〉
親へのカミングアウトは22%
職場や学校でのカミングアウトは27.6%
都市部の方がより高い傾向にあった。（１位東京都で24.7%）
・〈職場・学校の環境〉
７割以上が「差別的な発言」を経験
LGBTフレンドリーと感じるのは３割
「差別的発言あり」は地域差はあまりなく各地で高い傾向あり

第2節　性教育への反応

　平成30（2018）年東京都足立区立の中学校が行った性教育の授業について、都議会議員は授業の内容を問題とし、学校側は「人権教育」の一環として必要な授業だったと述べた。[5]

　授業内容は「性の学習」という授業で、問題視されたのは３年生の「自分の性行動を考えよう（避妊と中絶）」であった。１年生では「生命誕生」「らしさについて考えよう」、２年生は「多様な性」を経た授業であり、次は「恋愛とデートDV」などが段階的にテーマ設定されている。

　問題視した都議会議員は、①「性教育は子供の成長段階に応じて行うべきもの。『避妊』『人工妊娠中絶』を具体的に取り上げることによって、性に嫌悪感や恐怖感を持つ生徒がいる可能性を否定できない」、②「『高校生で性交してもいいと思うか』と教師が質問して生徒に答えさせたようだ。生徒によっては羞

5　毎日新聞『デジタル毎日』2018年４月26日の記事を引用・参照

恥心から答えたくない内容の質問がある。同時に、聞きたくない生徒がいるかもしれない。生徒の内心を守り、生徒の心を傷つけない配慮に欠けていた」、③「妊娠は、胎児という生命の誕生であり、教師が性行の結果の妊娠を『リスク』と考えることは不適切である。」を主張した。

②の『高校生で性交してもいい』と答えた者は、授業前では46%だった。授業の1ヵ月後には22%に減ったという。

埼玉大学の田代美恵子教授は、"1年生のころは『性』というとニヤニヤしたり反対に関心のないふりをしたりしていたが、学習を積み重ね3年生になると『性』が生き方にかかわる重要な問題だと受け止められるようになる。"

"足立区の中学校の実践は『包括的性教育』の主眼があり、人権にかかわることだからこそ、性のことを真剣に語り合うことが大切なのだ" ということである[6]。

第3節　性的少数者以外の少数者（マイノリティ）

LGBT、発達障害、男女の差別、片親（シングルマザー・ファーザー）、虐待の被害者、外国籍、帰国子女、体型（太りすぎ、やせすぎ、背が低い・高いなど）

まだ少数者と呼ばれる人々のグループがある。彼らは肉体的そして精神的、その両方の面で「ふつう」[7]とは異なるゆえに差別されている。

⑴　障害者

文部科学白書2017では、「生涯学習の視点」で "現状では、特別支援学校高等部を卒業した後の障害者の学びの機会は十分ではないことが指摘されており" これを受けて、平成30（2018）年3月から「学校卒業後における障害者の

6　田代教授等訳『国際セクシュアリティ教育ガイダンス』を参照
7　会話の中で、「あの人ふつうじゃないね」などと使われ、何となくお互いが了解しあうときの「ふつう」のこと。この概念の説明は難しい。読者それぞれ考えてみてほしい。

学びの推進に関する有識者会議」で現状と課題分析をして検討している。

　平成22（2010）年に文科省がインクルーシブ教育理念の方向性を示した。それが「合理的配慮」（障害そしてそれから生起する困難さを取り除くために一人一人に合わせた調整や変更を行う）である。

　☆「障害者の権利に関する条約」第24条について

　　文科省は、"「第24条　教育」においては、教育についての障害者の権利を認め、この権利を差別なしに、かつ、機会の均等を基礎として実現するため、障害者を包容する教育制度（inclusive education system）等を確保することとし、その権利の実現に当たり確保するものの一つとして、「個人に必要とされる合理的配慮の提供」"を位置づけている。（中央教育審議会　初等中等教育分科会「特別支援教育の在り方に関する特別委員会」第3回配付資料3）

(2)　**外国籍、帰国子女の受け入れ**

　日本語指導が必要な児童生徒数は年々増加していることがわかる。彼らの母

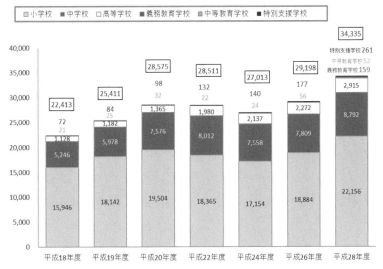

図6－3　日本語指導が必要な外国籍の児童生徒数（文科省）

国語の1位はポルトガル語（25.6%）、2位は中国語（23.9%）、3位はフィリピノ語（18.3%）、4位はスペイン語（10.5%）となっている。

このような児童生徒が5人以上在籍する学校は全体の24.6%である。

第7章　教育相談

　「提要」の第5章は教育相談について書かれている。[1] ポイントとなる項目のみをここで触れることにする。

第1節　教育相談の意義

(1)　学校における教育相談

　教育相談と言えばカウンセリングを思い浮かべるだろう。専門家のカウンセラーが行うことを学校の教員ができるのだろうか。教員はカウンセラーではないが、「カウンセリングマインド」を持って行う面接にはカウンセリングと共通部分があるし、また専門家とは異なる教育相談の特質がある。

(2)　学校における教育相談の利点と課題

　教員が行う教育相談について、「提要」では利点と課題を挙げている。

　利点としては、

① 日ごろからの児童生徒を観察、指導する立場から、一人一人の家庭環境や成長の過程、学校生活の情報収集ができる。このために問題の「早期発見・早期対応」が可能である。

② 「人的援助資源」が豊富である。学級担任・ホームルーム担任のほかに、養護教諭、生徒指導担当教員、スクールカウンセラー（以下SC）がいる。校長や副校長・教頭からの指導・支援も大切なものとなる。一人の子供のことを多面的に観察しより正確な状況把握ができる。加えてスク

1　［提要］第5章教育相談　92〜126頁

　　ールソーシャルワーカー（以下SSW）の力を借りることができる場合
　　は大きな戦力となる。
③　多くの教員、職員、外部の専門家たちが学校の教育活動を支えているこ
　　とから、連携や協力体制のより充実した教育相談体制をつくり出すこと
　　ができる。学校内の組織が確立すれば、家庭をはじめとした外部の相談
　　機関や児童相談所、医療機関、福祉機関、警察署などとの連携を深め学
　　校を軸とした地域連携ができあがる。

課題としては、

①　利点がそのまま課題となる。つまり、相談者の児童生徒が教員等と同じ
　　場にいることによる課題である。日ごろの指導を通した子供と教員との
　　人間関係が相談や面接に少なからず影響を及ぼすことが、本来の教育相
　　談を妨げることもある。

②　学級担任・ホームルーム担任が行う教育相談では、生徒指導上の問題に
　　関しては指導を行い、教育相談に関する面接等では指導者という立場か
　　ら相談者になる。一見矛盾した役割を同時に行わなければならない状況
　　が出てくる。指導も相談のどちらも担任一人がすべてを担うことのデメ
　　リットを考え、抱え込まずに学校内の多様なメンバーの存在という利点
　　を生かす必要がある。

第2節　教育相談体制

⑴　学校内そして地域との体制づくり

　児童生徒一人一人の発達支援のために教育相談が行われる。一人一人と真摯
に向き合うためには、時間や場所の確保など条件整備が求められる。校務分掌
において教育相談に携わる教員を中心に組織をつくっていく。

　家庭や地域の教育力の低下によるものかは詳しく検証しなくてはいけない
が、問題行動等の多様化、深刻化の傾向のなかで、学校内の体制をしっかりと
構築することがまず大事になる。その上で地域の諸機関や施設と連携する体制
づくりが求められる。

表7−1　教育相談の形態、方法（文科省『提要』）

代表的な相談形態	・個別相談
	・グループ相談
	・チーム相談
	・呼出し相談
	・チャンス相談
	・定期相談
	・自発相談　　など
代表的な相談方法	・面接相談
	・電話相談
	・手紙相談
	・ＦＡＸ相談
	・メール相談　　など

＊チャンス相談とは、時間場所を指定せずに偶発的な機会（例えば、廊下で出会ったとき）を生かして行うこと。（著者補足）

　「提要」では、幅広い教育相談の形態が求められるために、個別のニーズに対応できる教育相談の形態と方法が表にまとめられている。

　学校内の教育相談の組織について、「提要」の内容をまとめてみる。

　教育相談部や生徒指導部の中の教育相談係、関係する各部門責任者による委員会など、学校種や学校の規模、職員構成、児童生徒の実態などによる適切な教育相談の組織形態をとればよい。なお、外部の機関や施設などとの連絡、相談に際しては、その調整役にあたる教員がコーディネーターの役割を発揮することが求められる。養護教諭や特別支援教育コーディネーターがこの役を兼ねるなど、学校の実状により柔軟に対応することが期待される。

(2)　明星小学校の場合

　明星学苑は東京の府中市に幼稚園から高等学校までが同じ敷地内にある。明星大学と連携して幼稚園を除く各校には臨床心理士が置かれ、教育相談を行っている。小学校の場合は週2日、担当者はそれぞれ別の臨床心理士であるが、児童、保護者そして教員を対象として相談（電話、手紙）・面接を行っている。

　学期ごとに校長、教頭、養護教諭と担当の臨床心理士が集まり、児童の実態

や児童の問題、カウンセリングの内容、今後の計画、指導など細かく話し合う。相談内容は関係する者だけの秘匿事項として個人情報漏えいが生じないようにしている。相談や児童の状況に応じて、外部機関との連携も考えられる。

　児童の相談時間は休み時間が多い。内容は友人との人間関係が多い。保護者からは子育てにかかわる発達の遅れや反抗期の対応などが多くを占める。教員からは学級内の児童の変化や問題行動などの相談、これらに関する保護者との関係なども相談内容として出てくる。

　2名の臨床心理士と学校側の情報共有や児童その他の人々に関する共通理解、学校の指導方針などを忌憚なく話し合うことで、生徒指導・教育相談においては大きな問題の発生はない。

　不登校やいじめに関する情報共有の場合は、教育相談とは別の対策委員会が設置され、その場合には臨床心理士が委員会で意見等を披露することもある。

　中学校・高等学校には臨床心理士の数も多い。いずれにしても大学と連携をとりながら相談を進めていく。大学の担当者が定期的に各校へ訪問をしている。

第3節　教育相談の方法

⑴　教育相談の対象

　全ての児童生徒が対象となる。いじめ、不登校、非行などの問題を抱えた児童生徒ばかりでなく、その予備軍で具体的行動に表れない児童生徒、家庭の問題や人間関係上の不適応を感じている児童生徒など、学校生活の適応とよりよい人格向上を目指して行われる。

⑵　児童生徒の変化への気づき

　「提要」では〈児童生徒の不適応問題に早期に気づくためのポイント〉が示されている。[2] それによれば、〈成績の変化〉〈言動の変化〉〈態度、行動面の変

2　「提要」101頁図表5－3－1を参照

化〉〈身体に表れる変化〉〈児童生徒の表現物〉などが挙げられている。

　児童生徒の変化は何が原因なのか、いじめそれとも虐待か、その原因究明を速めに行うための指針である。

(3)　教育相談で使うカウンセリング技法

　これも「提要」を参考にしたい。下表に示したものは日常的に子供たちとのコミュニケーションを図る際に教員として知っておくとよいだろう。

表7-2　教育相談で用いるカウンセリング技法（文科省『提要』）

つながる言葉かけ	いきなり本題から始めるのではなく、初めは相談に来た労をいたわったり、相談に来たことを歓迎する言葉かけ、心をほぐすような言葉かけを行います。
	例：「部活のあと、ご苦労さま」「待ってたよ」「緊張したかな」　など
傾聴	丁寧かつ積極的に相手の話に耳を傾けます。よくうなずき、受け止めの言葉を発し、時にこちらから質問します。
	例：「そう」「大変だったね」　など
受容	反論したくなったり、批判したくなったりしても、そうした気持ちを脇において、児童生徒のそうならざるを得ない気持ちを推し量りながら聞きます。
繰り返し	児童生徒がかすかに言ったことでも、こちらが同じことを繰り返すと、自分の言葉が届いているという実感を得て児童生徒は自信を持って話すようになります。
	例：児童生徒「もう少し強くなりたい」 　　　教員「うん、強くなりたい」
感情の伝え返し	不適応に陥る場合には、自分の感情をうまく表現できない場合が少なくありません。少しでも感情の表現が出てきたときには、同じ言葉を児童生徒に返し、感情表現を応援します。
	例：児童生徒「一人ぼっちで寂しかった」教員「寂しかった」
明確化	うまく表現できないものを言語化して心の整理を手伝います。
	例：「君としては、こんなふうに思ってきたんだね」
質問	話を明確化する時、意味が定かでない時に確認する場合、より積極的に聞いているよということを伝える場合などに質問を行います。
自己解決を促す	本人の自己解決力を引き出します。
	例：「君としては、これからどうしようと考えている？」「今度、同じことが生じたとき、どうしようと思う？」

　児童生徒と話す時は、いくら忙しく時間がないときでも、止まって向き合うこと。落ち着いて表にあるように心をほぐすような言葉かけを行う。そして相手の話をよく聞く（目を見ながら）。言葉が出てこなければ相手の傍にわずかな時間でも静かにいる（座る）などを意識し行動することを心がけるとよいだろう。

(4)　教員としての心得

　相談する児童生徒はまず話したいことがある。しかしなかなか言えないこともある。話しに来たことは、相手である教員を信頼しているからである。教育相談はこの信頼関係があって初めて成り立つ。

　指導者あるいは保護者が子供に対して、「Ｉメッセージ」を使うことが良いと言われる。相談を受けて詰問や説教はもってのほかである。同様に「あなたは何を考えていたの？」「あなたには何ができると思う？」などの「Youメッセージ（あなたを主語にした）」ではなく、「あなたはきっとこう考えていたんだと私は思う」「私はあなたなら〜ができると考える」など、私を主語にした「Ｉメッセージ」を使うことを心がけると、子供の心もほぐされ話を聞くように気持ちが動いていく。

　真剣に相手のことを思ってアドバイスや言葉かけ、行動を起こすかどうかは、相談がうまくいくポイントとなる。

　一度相談した児童生徒は、定期的に言葉かけや相談、話をするように心がける。あるいは教育相談の場所（部屋）へ来るよう呼びかける。

　相談内容の守秘義務は当然のことである。ただし、学校では複数の教員がかかわる場合もあるし、そのことが多い。したがって教員間の児童生徒についての情報共有は必要となる。このことから守秘義務を〈得た情報を（学校）外に洩らさない〉という意味で理解することがよい。[3]

　児童生徒との信頼関係が基本であるが、保護者さらには学校関係者との協力・連携による取組を行ううえでは、彼らとの信頼関係も求められる。

3　守秘義務については、「提要」第6章第3節（135頁〜）を参照

⑸　問題が起こったときよりは未然防止、予防としての教育相談

　児童一人一人は問題を抱えそれを解決しながら成長し、自立への道を歩んでいる。そのすべての問題解決を行うこと、さらには問題を未然に防止することは容易なことではない。「防止」に注意が向いてしまうと、児童生徒の日常の生の姿が見えなくなり、指導においてはやり過ぎを警戒し過ぎて消極的な指導を実施してしまう。

　要するに予防や防止を意識しながら、教員としての仕事に真摯に向き合い、一所懸命に活動することしかない。自分のためでなく子供たちのために。

　そのなかで、問題の「早期対応・早期解決」を心がけ、自分ができることを行う。第4章問題行動で述べたことだが、児童生徒の「素」の状態を観察し知っていれば、彼らが安心できる「素」に戻すための手立てを模索し実践していく。それが「早期」の対応、解決につながる。

第4節　教育相談における保護者とのかかわり

　新任教員にとって保護者と話すことは、大きな課題である。まして問題を前にして相談をする場合あるいは子供の問題行動への指導を説明し協力を求める時などは話しにくさが増していく。

⑴　保護者と信頼関係を築く

　築く機会は懇談会や学級通信等で担任や担当教科の教員としての考え方を伝えることが考えられる。

⑵　教員は誰でも学校の代表者としての自覚をもつ

　保護者からすれば、どの教員も学校の教育方針に従って仕事をしていると考えている。したがって自分の子供のことについて、時には担任に尋ねにくい場合には、授業を受け持っている他の教員に尋ねてくる。

　この時に、尋ねられた教員が自分は担当者でないから答えられないと言ってはいけない。保護者は何かを知りたくて尋ねたのだから、そのことを受け

止めて対応する必要がある。

⑶　保護者の声に耳を傾ける

　学校内で「難しい保護者」と感じている場合には、ゆっくりじっくりと話をする時間をとる。保護者に言いたいことを全部言ってもらう。その上で「大変お悩みですね。」などと気持をくみ取った発言をしながら、保護者が一番言いたかったことを探っていく。

　「提要」では、保護者対応の難しさを前提に110〜112頁に注意すべきポイントを掲げているので、是非参考にしてもらいたい。

⑷　保護者面接の進め方

　「提要」111頁のアからコの項目は、教育相談だけでなく「保護者対応の手引にも通ずる大切なポイントが述べられている。下記の関根眞一氏の注意と併せて読むことで「保護者対応」の理解が深まるだろう。

【保護者等と接する心得10か条】[4]
　1．相手をねぎらう。
　2．心理的事実には心から謝罪する。
　3．話し合いの条件を確認する。
　4．相手の立場に立ってよく聴く。
　5．話が行き詰まったら、状況を変える。
　6．言い逃れをしない。
　7．怒りのエネルギーの源はどこから来るのか考える。
　8．対応を常に見直し、同じ失敗を繰り返さない。
　9．できることとできないことを明確にする。
　10．向き合う気持ち、共に育てる視点をもつ。

4　東京都教育委員会『学校問題解決のための手引〜保護者との対話を活かすために〜』第Ⅱ章、平成22（2010）年3月

第5節　養護教諭の役割

　養護教諭の仕事は多岐にわたっている。児童生徒の健康管理、けが等の救急措置、疾病予防などの保健管理、保健教育、健康相談、保健室経営などである。

　学校の児童生徒一人一人に目を配り、その保護者と話したり相談に乗ったり、さらに外部の医療関係等との学校代表者として連絡を行ったり、その仕事自体がコーディネーターと認められる。

　養護教諭は人間関係を円滑に行うことに努めることで、児童生徒、保護者、教職員等の関係者からの信頼を得ていく。

　問題を抱え教育相談室の扉をたたく児童生徒の日常生活の実状を把握している養護教諭の教育相談上の役割は重要なものといえる。役割上、児童生徒理解は不可欠であり、理解の上に支援ができる。

　このためには、「早期発見」「早期対応」が求められることは教員と同じであるが、職務上の違いから児童生徒の変化を違う視点から指摘できる。養護教諭は教員とは質的に異なる距離感をもち、子どもや保護者などと接している。（34・35頁＊「距離感」）

　「専門機関との連携」は上記のコーディネーター役で理解できる。さらに毎月のように発行する「保健室だより」の発信により、家庭への情報提供、啓蒙（啓発）活動を行っていく。

　保護者からの相談をまず受ける窓口でもありうるため、養護教諭から教育相談担当者へ情報提供、相談が始まっていくことも少なくない。

第6節　スクールカウンセラー・スクールソーシャルワーカー

⑴　SC（スクールカウンセラー）

　教育相談にあたり、スクールカウンセラーの役割としては、児童生徒、保護者、教員を援助するとともに、外部機関と連携することが求められる。

　このための役割は「提要」の〈スクールカウンセラーの役割〉119頁にまとめられている。

　SCを活用する事業は、"公立の小学校・中学校・高等学校・中等教育学校及び特別支援学校に児童生徒の臨床心理に関して高度に専門的な知識・経験を有するスクールカウンセラー等を配置するとともに、24時間体制の電話相談を実施し、教育相談体制を整備する"[5]

　平成27（2015）年度は全国で22,373校にSCが配置されている。（小学校11,810校、中学校8,510校、高等学校1,686校）SCは各校を巡回したり、必要に応じて派遣されたりしており、平成26（2014）年度の配置人数は7,344人でSCは6,153人（83.7%）である。内訳は〈臨床心理士が98.9%、精神科医が0.1%、大学教授などが1.0%〉となっている。[6]

　相談内容は１位不登校への対応、２位友人関係、３位家庭の問題である（平成26（2014）年度）

⑵　SSW（スクールソーシャルワーカー）

　SSWの役割についても「提要」120頁にまとめられている。

　SSWの役割は児童生徒の様々な情報を整理統合し、アセスメント、プランニングをした上で、学校教職員とチームを組み、児童生徒が置かれた環境への働きかけなどを行うことが求められる。[7]

　SSW活用事業は、"SSWの実施主体が教育分野に関する知識に加えて、社会福祉等の専門的な知識・技術を有するSSWを活用し、児童生徒の置かれた様々な環境に働きかけて支援を行うことにより、教育相談体制を整備するとされている。"[8]

　平成27（2015）年度の配置状況は合計2,247人で前年度の1,186人から２倍近く増えている。まだまだSWの配置状況には及ばないが、学校の連携におけるSSWの位置づけ、役割が期待される。[9]

5　文科省初等中等教育局『学校における教育相談に関する資料　平成27年12月17日』25頁
6　同上28頁
7　同上33頁
8　同上35頁
9　同上36頁

　SSWが支援する児童生徒の問題は、１位が家庭環境の問題、２位が不登校への対応、３位が発達障害等に関する問題となっている。（平成26（2014）年度）家庭環境の問題が１位ということはSSWの仕事からもうなずける。３位の発達障害等についても家庭にかかわる福祉関係の支援が必要な問題として理解できる。[10]

第7節　児童虐待

⑴　児童虐待、通告

　平成30（2018）年から31（2019）年は児童虐待問題と児童相談所の対応が報道を通して世間の注目を浴びた。[11] わが子の虐待死という悲惨な結果を起こした保護者に対する憤り、そこに至る過程での児童相談所の対応に批判もあった。児童相談所での一人当たりの職員が扱う件数はその能力を超えているという指摘がされた。これを受けて "児童相談所の人手不足が深刻な児童福祉司など、専門職員を2022年度までに約2,900人増員、子育て支援拠点（子ども家庭総合支援拠点）を全市町村に設けること" が発表された。[12]

　児童虐待には通告義務がある。児童福祉法第25条の規定に基づき、児童虐待を受けたと思われる児童を発見した場合、全ての国民に通告する義務が定められている。平成16（2004）年に「虐待を受けた」から「虐待を受けたと思われる」に改められている。また、「早期発見の義務」（児童虐待の防止等に関する法律第５条、以下虐待防止法）があるのは、学校、児童福祉施設、病院その他児童の福祉に業務上関係のある団体及び学校の教職員、児童福祉施設の職員、医師、保健師、弁護士その他児童の福祉に職務上関係ある者は、児童虐待を発見しやすい立場にあることを自覚し、早期発見に努めなければならない。さらに５条では、学校及び児童福祉施設は、児童及び保護者に対して、児童虐待の

10　同上38頁
11　2018年東京都目黒区で５歳女児の虐待死、2019年１月千葉県野田市で小４女児の虐待死。いずれも保護者による虐待が認められた。
12　日本経済新聞「児童虐待、児相職員2900人増　全市町村には支援拠点」2018年12月18日

防止のための教育又は啓発に努めなければならないとしている。

　虐待が疑われる場合は、緊急かつ組織的対応が必要となる。迅速な対応ができずに子供の生命を危険にさらすことは絶対に避けなくてはいけない。虐待の通告は、子供本人から保護者から、近隣等から関係機関等から様々である。文書又は口頭の通告のほかに匿名の通告もある。

　虐待の疑いを受けた警察は児童相談所へ虐待通告をする。平成31（2019）年の1年間でこの通告による子供の数は98,222人（18歳未満の子供）で前年度より22.4%増加となり統計を取り始めた平成16（2004）年以降9万人を超えたのは初めて過去最高となった[13]。

(2)　虐待の種類と課題

「身体的虐待」：児童の身体に外傷が生じ、又は生じるおそれのある暴行を加
　　　　　　　　えることをいう。外傷がなくとも児童の心に傷をつけること
　　　　　　　　もある。

「性 的 虐 待」：児童にわいせつな行為をすること又は児童をしてわいせつな
　　　　　　　　行為をさせること。性的行為、性器を触らせる、わいせつな
　　　　　　　　写真の被写体にするなど。

「ネグレクト」：児童の心身の正常な発達を妨げる行為、すなわち著しい減
　　　　　　　　食、長時間の放置、保護者以外の同居人等による虐待の放置
　　　　　　　　など。

「心理的虐待」：児童に対する著しい暴言又は著しく拒絶的な対応、児童が同
　　　　　　　　居する配偶者への暴力や心身に影響を及ぼす言動、児童に心
　　　　　　　　理的外傷を与える言動など。DV、兄弟間の差別的扱いなど。

　表7-3は東京都児童相談所における虐待の相談内容である。どの相談内容件数も増加しており、「心理的虐待」が半数を超えている。

13　警察庁Webサイト『令和元年における少年非行、児童虐待及び子供の性被害の状況』（令
　　和2（2020）年3月）訂正版

表7－3　虐待内容別相談対応状況（件、（　）内は％）　＊著者修正

年度	身体的虐待	性的虐待	心理的虐待	ネグレクト	計	非該当
2017	2,810(24.2)	87(0.7)	6,849(58.9)	1,889(16.2)	11,635(100)	2,072
2018	3,345(23.9)	119(0.8)	8,394(59.9)	2,161(15.4)	14,019(100)	2,948
2019	4,366(23.4)	145(0.8)	11,395(61.1)	2,733(14.7)	18,639(100)	3,020

資料：東京都児童相談所センター『児童相談所のしおり―2020年（令和2年）版―』、10頁

このような虐待を受けると色々な影響が出てくる。不安定な心理状態、自己存在感や自己肯定の欠如、さらに成長にかかわる以下のような課題を負うことから、問題行動を起こすことにつながることが考えられる。

① 身体的な課題

ネグレクトでは保護者等が十分に食事を子供に与えず、栄養不良から体重等の減少や成長ホルモンの抑制やストレスからの疾病も生じる。また、子供が病気になっても医者に受診せずにおく、虫歯の放置などの傾向もある。

② 知的面の課題

虐待による直接間接的な脳へのダメージが考えられる。興奮状態での衝動的行動や物事の把握や考えることへの影響がある。

③ 人間関係の課題

対人関係での異常な緊張。暴力をふるったり、暴言を吐いたりしてしまう。情緒が不安定な面、他者と交われない、やさしくされることに対する対応のまずさが現れる。

(3) 虐待を受けた児童への支援

虐待に気づいたり、疑いがある場合には学校として、まず通告義務を負っていることは上述したとおりである。通告したことで、一時保護の処置を受け保護者と生活を別にする例もある。

＊「一時保護」

　　第一の目的は子供の生命の安全を確保することである。生命の危険だけ
　でなく子供のウェルビーイング（子供の権利の尊重・自己実現）にとって
　明らかに看過できないと判断できるときは、一時保護を行う。保護の後、
　虐待を行っている保護者へ児童相談所は指導を進める。

「校内体制」

　　教員だけでなく、虐待の事実が判明した場合には児童の心身の成長支援な
　どに配慮して、学校医、カウンセラー、SSWなどと協力連携体制を構築す
　る必要がある。この際には、外部の専門機関（児童相談所等）との連携も必
　要となり、その指導と協力を受けながら児童の支援を行う。

⑷　児童の将来

　虐待防止法第13条の２第２項「国及び地方公共団体は、児童虐待を受けた児
童がその年齢及び能力に応じ充分な教育が受けられるようにするため、教育の
内容及び方法の改善及び充実を図る等必要な施策を講じなければならない。」
同第３項「国及び地方公共団体は、居住の場所の確保、進学又は就業の支援そ
の他の児童虐待を受けた者の自立の支援のための施策を講じなければならな
い。」と定められている。

　すなわち虐待を受けた児童の「自立支援」には個別的特別的な要請がされて
いると考え、学校においても将来を見据えた指導を行う必要がある。以下の条
文でそれが明らかになっている。

　虐待防止法第５条第２項「（学校は）児童虐待の予防その他の児童虐待の防
止並びに児童虐待を受けた児童の保護及び自立の支援に関する国及び地方公共
団体の施策に協力するよう努めなければならない。」同条第３項「学校及び児
童福祉施設は、児童及び保護者に対して、児童虐待の防止のための教育又は啓
発に努めなければならない。」である。

第8章　キャリア教育

　平成23（2011）年1月に中央教育審議会（以下、中教審）の答申『今後の学校におけるキャリア教育・職業教育の在り方について』（以下、H.23答申）が出された。幼児期から高等教育まで、教育界はもとより産業界、経済界などが一体となって、「キャリア教育・職業教育」に取り組む必要性に言及している。そのなかでは発達段階の課題を達成し成長していくための能力「基礎的・汎用能力」を挙げている。

　「キャリア教育」という言葉は、「学校教育と職業教育の接続」などを考えた中教審答申『初等中等教育と高等教育との接続の改善について』（平成11（1999）年）で登場した言葉である。背景には、若年者の雇用問題があり、職業的自立の促進、ニートやフリーターの増加傾向への対策が掲げられた。この答申で小学校からのキャリア教育が挙げられている。

　これを受け初等中等教育におけるキャリア教育のあり方について2年間の期間を経て、『キャリア教育の推進に関する総合的調査研究協力会議報告書』（平成16（2004）年、以下報告書）で発表された。報告書に基づき、「キャリア教育推進地域指定事業」「キャリア教育実践プロジェクト」などの事業が行われた。平成18（2006）年には教育基本法が改正され、翌年（2007）に学校教育法も改正、小学校、中学校、高等学校における組織的・系統的なキャリア教育に法的根拠が整えられた。この教育推進のための指導方法や内容を盛り込んだ、『キャリア教育推進の手引き』（以下、手引き）が作成されている。[1] ちなみに

1　平成21，22（2009，2010）年小学校から高等学校の「キャリア教育手引き」が作成され、それ以降平成24（2012）年から29（2017）年までの資料は、国立教育政策研究所のホームページから閲覧できる

報告書が出た平成16（2004）年はキャリア教育元年と呼ばれている。[2]

　以下では、キャリア教育の意義・必要性・内容などキャリア教育の指導について言及する。

第1節　キャリア教育

(1)　キャリア教育とは

　キャリア教育は、端的に言って「児童生徒一人一人の勤労観、職業観を育てる教育」と捉えられている。働くことや職業に就くことが目的に捉えられがちであった。新たなキャリア教育の方向を定めた平成23（2011）年の中教審答申は、「一人一人の社会的・職業的自立に向け、必要な基盤となる能力や態度を育てることを通して、キャリア発達を促す教育」であるとした。

　就労や進路選択のための特化した活動や指導に限定されるのでなく、キャリア教育は、学校における様々な教育活動を通して実践されるものであり、一人一人の児童生徒の発達を支援し、社会人・職業人としての自立を促すという視点に立つことを明確にしている。キャリア教育の取組は、この視点に立つ教育活動が大切になる。ひとことで言えば、その取組は、初等中等段階の子どもたちの発達段階を踏まえた、一人一人の「キャリア発達」を支援することとなる。

(2)　キャリアとは

　一般にキャリアは、個人の職歴や職業に関する技術・技能など、個人が働くことによって獲得してきたものを指す言葉である。キャリアアップといえば、現在自分がもっていたり、使用したりしていることより、高い資格や技術、能力を身につけること、あるいはそのための努力を指して使われている。キャリア不足はこのような能力や経験、経歴が足りないことを意味する。

2　宮下克己「対談　キャリア教育その10年間の変遷、そして展望」（ベネッセコーポレーション『VIEW21』2014年2月）

　文科省によれば、"生涯にわたる経歴、専門的技能を要する職業についていることなどのほか、…「キャリア」が、「個人」と「働くこと」との関係の上に成立する概念であり、個人から切り離して考えられないということである。また、「働くこと」については、職業生活以外にも家事や学校での係活動、あるいは、ボランティア活動などの多様な活動があることなどから、<u>個人がその学校生活、職業生活、家庭生活、市民生活等のすべての生活の中で経験する様々な立場や役割を遂行する活動として幅広く捉える必要がある</u>。（下線、引用者）"（文科省『小学校・中学校・高等学校　キャリア教育推進の手引き』平成18（2006）年、3頁[3)] 以下手引き）

　このように"個人と仕事"のかかわりを広く捉えるキャリアの概念にしたがえば、将来社会人となり仕事に携わるために必要な仕事に対する知識、自覚を高め、実際に自分にとって可能な仕事に就き、仕事の認識を高めていくことが求められる。小学校の児童であれば、まず「仕事」とは何かについて児童の理解を深めていくことになる。

(3)　キャリア発達

　キャリア発達について『(小学校) 手引き』では、「自己の知的、身体的、情緒的、社会的な特徴を一人一人の生き方をして統合していく過程」として捉えている。この過程での中心的課題は、"社会の一員として自立的に自己の人生を方向づけること"である。各成長段階にふさわしい個別の課題を達成していくことが、生涯にわたるキャリア教育の発達となる、と『手引き』で述べられている。

　児童にとっては、将来的に社会人として社会を形成する立場に身を置くことを前提とした課題が考えられるだろう。社会に生活する自分を見つめ、「仕事」を通して他者とかかわり、人間関係を構築しながら働くことの意味を知ることが求められる。学校ばかりでなく、家庭や地域社会のなかでもどんな仕事があるのかを知り、仕事に携わり働くことが、どのように家庭や地域、そして人々

3　注1参照。

のためになることなのかを認識し理解することからキャリア発達を促してい
く。学校・家庭・地域の連携におけるキャリア教育の取組が考えられる。キャ
リア発達は児童の成長段階にふさわしい育成が、小学校において適切に行われ
ることでその目的を達成できると言える。

　中学校においては社会と自分とのつながりという視点から、未来の「なりた
い自分」をイメージしながら、自己理解を進め自己有用感を育て、興味関心に
基づく勤労観や職業観を育てる指導が求められる。

　高等学校ではよりよい社会をつくるために自分に何ができるか、自己理解を
深めさらに自己受容から自己肯定感を高めていくために、教員の働きかけが重
要となる。従来の「出口指導」とは異なった職業人、社会人としての「自立」
へ向けた、具体的な人生設計そのなかでのキャリア発達を生徒自身が計画でき
るような指導が必要となるだろう。

　キャリア発達の過程で獲得される能力とはどんなものなのか。具体的には4
つの能力が、キャリア発達における社会的・職業的自立に向けて必要なものと
して考えられている。4つの能力はさらに2つの下位能力に分けられ次のよう
に示されている（表8－1）。

　これら「4領域8能力」を、生涯にわたるキャリア発達のために獲得し続け
られるように、学校教育のすべての段階における適切な指導を行うことが期待
されている。

　「4領域8能力」の育成によるキャリア発達観は、高等学校までを想定する
ことにとどまっているので、キャリアが生涯にわたって育成される能力という
観点が薄い、という課題があった。この点から“仕事に就く”ことに焦点をあ
て整理し、新たにした能力が、「基礎的・汎用的能力」である。この能力を定
めた背景には、内閣府の「人間力」、経済産業省「社会人基礎力」や厚生労働
省「就職基礎能力」[4] など就職の際に重視される能力が意識されている。

4　www.mext.go.jp>afieldfile>（文科省「人間力」「社会人基礎力」「職業基礎能力」）
　「基礎的・汎用的能力」について、中教審答申『今後の学校におけるキャリア教育・職業
　教育の在り方について』（平成23（2011）年）

表8-1　キャリア発達にかかわる諸能力

能力	領域説明	能力説明
人間関係形成能力	他者の個性を尊重し、自己の個性を発揮しながら、様々な人々とコミュニケーションを図り、協力・共同してものごとに取り組む	【自他の理解能力】　自己理解を深め、他者の多様な個性を理解し、互いに認め合うことを大切にして行動していく能力 【コミュニケーション能力】　多様な集団・組織の中で、コミュニケーションや豊かな人間関係を築きながら、自己の成果を果たしていく能力
情報活用能力	学ぶこと・働くことの意義や役割及びその多様性を理解し、幅広く情報を活用して、自己の進路や生き方の選択に生かす	【情報収集・探究能力】　進路や職業等に関する様々な情報を収集・探索するとともに、必要な情報を選択・活用し、自己の進路や生き方を考えていく能力 【職業理解能力】　様々な体験等を通して、学校で学ぶことと社会・職業生活との関連や、今しなければならないことなどを理解していく能力
将来設計能力	夢や希望を持って将来の生き方や生活を考え、社会の現実を踏まえながら、前向きに自己の将来を設計する	【役割把握・認識能力】　生活・仕事上の多様な役割や意義及びその関連等を理解し、自己の果たすべき役割等についての認識を深めていく能力 【計画実行能力】　目標とすべき将来の生き方や進路を考え、それを実現するための進路計画を立て、実際の選択行動等で実行していく能力
意思決定能力	自らの意思と責任でよりよい選択・決定を行うとともに、その過程での課題や葛藤に積極的に取り組み克服する	【選択能力】　様々な選択肢について比較検討したり、葛藤を克服したりして、主体的に判断し、自らにふさわしい選択・決定を行っていく能力 【課題解決能力】意思決定に伴う責任を受け入れ、選択結果に適応するとともに、希望する進路の実現に向け、自ら課題を設定してその解決に取り組む能力

資料：国立教育政策研究所生徒指導研究センター『児童生徒の職業観・勤労観を育む教育の推進について』（平成14（2002）年11月）

　児童生徒にとってのキャリア発達の取組を考えるうえで、「基礎的・汎用的能力」はもちろん大切である。この能力との関連のなかで「4領域8能力」を捉えなおし、社会的自立・職業的自立を促す教育活動を充実させ、勤労観、職業観を養うための活動の可能性を探っていくことも大事だと考える。『手引き』が掲げているキャリア発達の表が以下のものである。

表8－2　小学校・中学校・高等学校におけるキャリア発達（文科省）

小 学 校	中 学 校	高 等 学 校
＜ キ ャ リ ア 発 達 段 階 ＞		
進路の探索・選択にかかる基盤形成の時期	現実的探索と暫定的選択の時期	現実的探索・試行と社会的移行準備の時期
・自己及び他者への積極的関心の形成・発展 ・身のまわりの仕事や環境への関心・意欲の向上 ・夢や希望、憧れる自己イメージの獲得 ・勤労を重んじ目標に向かって努力する態度の形成	・肯定的自己理解と自己有用感の獲得 ・興味・関心等に基づく勤労観、職業観の形成 ・進路計画の立案と暫定的選択 ・生き方や進路に関する現実的探索	・自己理解の深化と自己受容 ・選択基準としての勤労観、職業観の確立 ・将来設計の立案と社会的移行の準備 ・進路の現実吟味と試行的参加

（国立教育政策研究所生徒指導研究センター「児童生徒の職業観・勤労観を育む教育の推進について」から一部改訂）

(4) キャリア教育の意義・必要性

　「キャリア教育は、教育活動を通じて、将来子どもたちが社会の一員としての責任を担い、社会的な自己実現を図ろうとする意欲や態度を継続的に育てていくもの」である（小学校キャリア推進）。この内容は「生きる力」の育成にもつながる学校教育全体の課題でもある。したがって、キャリア教育の意義は、「生きる力」を身につけ、社会人・職業人として自立した人間関係を築き、よりよい社会を形成していく人材を育てることにあると言える。

　小学校の教育活動は、自立性や社会性を育て、児童一人一人がそれぞれの将来の進む道を探り、選択するための基礎づくりをする重要な時期である。児童が将来に向けて積極的な目標を持つためには、一人一人が「夢や希望を」育みつづけ、その実現のために自己の能力や態度を高めることが必要である。ひとつずつ課題を解決しながら自信をつけ、仕事を通して自らの存在感や有用感を確認し高めていかれるような機会を計画的に設けていくことも必要になる。

　中学校・高等学校における生徒への指導も小学校のキャリア教育のこのような視点を基礎に、生徒と社会のかかわりのなかで、成長発達段階に応じた指導を考慮していく。

　どの成長段階でも子供たち一人一人の「なりたい自分」を実現するため、自らが自分の能力を見極め能力開発のための計画を立て実行する、その指導の過程で一人一人の生徒理解を深めることは言うまでもない。

　自己実現を図るには自己の努力だけではかなえられない。他者との人間関係を通じた活動が不可欠になる。児童生徒がクラスの仲間だけでなく、学校や家庭、地域の人々への関心や信頼感を高めていくことも大切である。多角的に他者を理解するなかで自らの役割や仕事をふり返り、自己実現のために他者とともに支え合いながら様々な集団や社会を築いていることに気づかせることも必要である。

　また、勤労観や職業観については、できる限り社会で活躍する魅力ある大人に接し交流を図るための機会を作ることが、学校の取組として期待される。さまざまな職業の存在に気づき、社会や職業を理解する必要もある。

第2節　学校におけるキャリア教育

⑴　キャリア教育の要としての特別活動

　小学校から高等学校までの学習指導要領改訂[5] のなかで、学校教育活動におけるキャリア教育について、各学校の学習指導要領総則では、特別活動との関係に言及している。

　高等学校の学習指導要領総則では、"特別活動を要としつつ各教科・科目等の特質に応じて、キャリア教育の充実を図ること。その中で、生徒が自己の在り方生き方を考え主体的に進路を選択することができるよう、学校の教育活動全体を通じ、組織的かつ計画的な進路指導を行うこと"と述べられている。

　キャリア教育の充実は、中学校・高等学校における進路指導を主とするものではなく、学校卒業後に児童生徒が生活、人生を自らの意思で選び歩むために幅広くキャリア発達を捉え、教育現場で実践されることを目指している。

　「特別活動を要」としたキャリア教育の活動の背景には、〈従来、学級・ホー

5　小学校・中学校の改訂は平成29（2017）年、高等学校は平成30（2018）年

ムルーム活動の時間に「進路」という内容で行われていた活動が、進路指導と混同されやすいために、今回の指導要領改訂では、キャリア教育の取組が矮小化されることを避け、「特別活動を要」とするキャリア教育の中核の時間を明確にする〉ことがある。キャリア教育を行う教員の意識、自覚を改めて促すという、キャリア教育の課題の一つを解決し、キャリア教育を推進することといえる。

⑵　学校種間の連携・協力

　キャリア教育が各学校段階でどのように行われていくべきか、キャリア教育推進についての資料を見ていくことにする。

　図8−1の中央の円で示されている各学校における児童生徒の成長発達段階と指導ポイントが円滑に引き継がれていくために、下段の「更なる充実のために」で書かれている小・中・高の連携による一貫したキャリア教育の実践が不可欠である。

　学校独自の特色あるキャリア教育の取組が、小学校から中学校さらに高等学校へと発展的につながっていくためには何が必要か。小学校の職場見学から中学校での職場体験活動へ、さらに高等学校のインターンシップへと系統性を欠かずに発展できるための教員連携とは？職場体験等の活動だけでなく、他の活動を進めていくにあたり、小中高の継続的なキャリア教育のための連携について、各都道府県教育委員会がその取組をホームページで公開している。[6]

　「更なる充実のために」あるように、異校種間の教員同士の取組についての相互理解、児童生徒の学習活動の記録の引き継ぎなどが、実際にどのように行われているか、北海道教育委員会の『小中高一貫ふるさとキャリア教育推進事業』で見ていくことにする。道内の14管内におけるこの事業は平成27（2015）年度から3年間行われた。ホームページでこの研究成果を見ることができる。[7]

6　東京都教育委員会「キャリア教育啓発資料」望ましい勤労観・職業観の育成　兵庫県教育委員会「キャリア教育の推進」キャリアノートの活用　など

7　http://www.furusato.hokkaido-c.ed.jp/

各学校種におけるキャリア教育推進 のポイント

小学校・中学校・高等学校においては、児童生徒がそれぞれの段階における発達の課題における
キャリア発達上の課題を達成することができるよう、PDCAサイクルを重視しつつ、
社会的・職業的自立に必要な基盤となる能力・態度の育成を体系的に教育活動全体を通じて取り組むことが期待されています。
ここでは、それぞれの学校種においてキャリア教育に当たって留意すべきポイントを整理していきましょう。

就学前教育 → **小学校** → **中学校** → **高等学校** → 社会・上級学校等

小学校　社会的・職業的自立に向かる諸能力の育成期

1　「何をしてもキャリア教育だ」という意識から脱却しよう

2　発達の段階に応じた意図的な指導に取り組もう

中学校　現実的探索と暫定的選択の時期

1　自らの選択に責任をもたせる指導を

2　職場体験活動を一層活用しよう

高等学校　現実的探索・試行と社会的移行準備の時期

1　実社会との接点から教育を見直させよう

2　キャリア教育の「筋道」を関連付けを

普通科の場合

1　キャリア教育の視点から教科指導を見直そう

2　インターンシップを充実させよう

専門学科・総合学科の場合

1　学科の特色を もっと生かそう

2　専門学科と普通科の連携、総合学科の充実を

異なる の充実のために

学校間連携の連携を活性化しよう

図8－1　各学校種におけるキャリア教育推進のポイント（文科省）

地域のキャリア教育連携の推進のほかに、地域のみんなで子供たちを育ててい
くことも大切な目標となっている。地域での子育ての面では『地域学校協働本
部事業』の活動としても参考になる事例である。

　上川地域内の小学校・中学校・高等学校の12年間を通した体系的キャリア教
育が図 8 - 2 で示されている。北海道の他地域の学校連携による取組の計画も
同様にホームページに記録されている。

　14管内の合計49校（小学校20校、中学校15校、高等学校14校）が行った活動
報告書[8]では、各学校とも児童生徒一人一人がキャリアノート（ポートフォリ
オ）を作成し、個々の振り返りや教員との定期的やり取りなどの取り組みの工
夫が進められた。その一方で学年間、学校種間の円滑な引き継ぎ、教員間の情
報共有にはまだ至っていないという結果である。

　ただし小中学校間での情報共有からの改善策検討、積極的なフィードバック
が行われているとの報告がされている。情報共有の評価規準は、①小中高の連
携による情報共有が行われていない。②必要になった場合に小中高の情報共有
が行われている。③計画的に小中高の連携による情報共有が行われている。④
計画的に小中高の連携による情報共有が行われ、改善方策等を検討し、各学校
にフィードバックしている、の 4 つが観点項目である。

　学校種間の情報共有は③の割合が最も多かった。初めは "小中学校の交流は
行われたが、高校との交流は皆無であった" "学校間の体制整備はされておら
ず、教科等の情報共有の機会はあったが、キャリア教育についてはなかった"
の記述がみられていたが、"各学校の担当者会議で情報共有ができた" "教職員
間で情報共有する機会を設けるようになった" "本事業以外でもフィードバッ
クする機会がある" など、活動をつづけていくことで情報交換、情報共有が積
極的に行われたことが窺える。

　これからの小中高のキャリア教育の連携について、考えておくべきことを挙
げてみる。

8　「平成29（2017）年度研究指定校共通の評価指標の分析結果報告書」北海道教育庁学校教
　　育局高校教育課）

| 縦の連携 | 横の連携 |

【事例1】小・中・高校が連携した「うどん学習会」

上川管内　北海道下川商業高等学校・下川町立下川中学校・下川小学校

取組のねらい

実践的・体験的な学習活動を通して、児童生徒の職業に対する興味・関心や、地域の産業に対する理解を深めさせるとともに、将来、社会人・職業人として必要とされる基礎的・汎用的能力を育成する。

取組の概要

学校種間の緊密な連携のもと、下川町の特産品である「うどん」に関する学習を柱に、小学校・中学校・高校の12年間を見通した体系的なキャリア教育の実践に取り組んでいる。

「うどん」に関する学習を柱にした小・中・高の学びの連続

	学習項目 [教科・科目等]	取組のねらい	取組の内容
小学校	・工場見学「下川町のたからものたんけんたい！」（総合的な学習の時間［3年］）	・下川町の「宝物」を考える活動を通して、自分たちの町に住む人々の暮らしや文化など対する興味・関心を高める。 ・計画を立てて探検や調査を行い、話し合ったり、発表したりすることを通して、問題の解決や探究活動に主体的、創造的、協同的に取り組む態度を育てる。	・グループ毎に、下川町の「宝物」を考えるとともに、意見交流する。 ・町内のうどん工場などを見学するとともに、インタビューなどを通して気が付いたことをまとめて話し合う。 ・グループ毎に、「宝物」について調査するとともに、調査結果をまとめて発表する。
小学校	・うどん学習会（総合的な学習の時間［5年］）	・うどんづくりや新製品の名称を考える活動を通して、自分たちの住む町の産業や消費生活の様子などについて理解を深め、地域社会の一員としての自覚を育てる。	・「うどん教室」において、高校生から指導を受けながら、うどんづくりを体験する。 ・高校生とともにうどんの新製品の名称を考える。

地域に対する興味・関心を高め、地域社会の一員としての自覚を育て、中学校へ

中学校	・うどん学習会（総合的な学習の時間［2年］）	・職場体験や職場見学を通して、将来の夢や働くことの意義などについて考えさせる。	・町内の事業所の協力を得て、職場体験や職場見学を行う。
中学校	・職場体験学習（総合的な学習の時間［2年］）	・商品開発の取組を通して、問題の解決や探究活動に主体的、創造的、協同的に取り組む態度を育てる。	・「うどん教室」において、高校生から指導を受けながら、うどんの新製品を試作する。

働くことの意義を理解し、主体的、創造的、協同的に取り組む態度を育て、高校へ

高校	・インターンシップ（ビジネス基礎［1年］）	・インターンシップを通して、望ましい職業観・勤労観を育てる。	・町内の事業所の協力を得て、3日間のインターンシップを行う。
高校	・うどん学習会（課題研究［3年］）	・小学生や中学生に指導する活動を通して、コミュニケーション能力を高めるとともに、リーダーシップ等を育てる。	・「うどん教室」において、小学生や中学生に対してうどんづくりを指導する。
高校	・商品開発（課題研究、総合実践［3年］）	・商品開発の学習を通して、問題解決の能力や自発的、創造的な学習態度を育てる。	・地域の特色を生かしたうどんの新製品を開発し、町内の業者に製造を委託する。
高校	・販売実習会（課題研究、総合実践［3年］）	・販売実習の学習を通して、専門的な知識と技術の深化、総合化を図るとともに、ビジネスの諸活動を主体的、合理的に行う能力と態度を育てる。	・開発したうどんの新製品や下川町の特産物などを、学校祭や町のイベント等において販売する実習を行う。

図8－2　事例1（上川管内）「うどん学習会」

127

1．従来の指導要録や健康の記録等の引き継ぎ、申し渡しに加えて、「キャリアノート」を引き継ぎ、異校種の教員間の申し渡しを推進していくこと。

2．各学校でキャリア教育担当（責任）者を決めておく。学校の代表者として異校種間の円滑な引き継ぎ、申し渡しをすすめる。年度を越えた継続的に定例化する。

3．公立校では代表者の教員が転勤して、継続的な活動が妨げられることを避けるために、各学校の校長等の管理職によるキャリア教育の体制づくりを義務化する。

⑶　キャリア教育の課題、取組

　キャリア教育は社会的・職業的自立を目指して各学校種段階において、児童生徒の発達に即した取組がなされている。全国の教育委員会における異校種間の連携による取組は北海道教育委員会を例に紹介したとおりである。

　新たな学習指導要領の改訂により、「特別活動」を要としたキャリア教育を推進することが明記されたことも上に述べたとおりである。「特別活動」は学級生活や学校行事、児童会生徒会活動など、望ましい学級や学校における集団活動を中心とする大切な活動である。キャリア発達を促すのは職場体験等の「体験活動」である。確かに〈習うより慣れろ〉と言われるように、体験活動から学ぶことは大きい。しかしキャリア教育を推進するために「体験」だけに頼ることは避けたい。

　キャリア教育の意義や目的を踏まえたうえで、推進にあたって以下のような課題が考えられる。

1．社会的・職業的自立に向けて、基盤となる能力・態度（基礎的・汎用的能力）の育成

2．キャリアを積み上げるために、必要な知識等を教科などの指導により確かなものにする

3．就労体験（インターンシップ）や卒業生、職業人などの話を聞く機会により、今後の生活・人生の計画（ビジョン）を立てることを促す

　これらの課題を解決していくためにも体験活動が大きな意味をもつことは明確である。指導をする教員は授業の教材研究に多くの時間を割いている。同様にキャリア教育の個々の活動についても、1の基盤となる能力をはじめとしてキャリア教育の課題を踏まえ、指導案作成や教材の工夫に力を注がなくてはいけない。このことを実践できれば、「体験」だけに頼らない指導が実現できるだろう。

　「キャリア教育・進路指導に関する総合的実態調査」の第1次、第2次報告書[9]（以下、1次および2次）によれば、小学校の担任は "キャリア・カウンセリングの内容や方法がわからない"、中学校の担任は "キャリア教育の実践によって、学習全般に対する生徒の意欲が向上してきている"（共に1次）と報告されている。これを受けて2次の「はじめに」のなかで、"キャリア教育は学習意欲の向上に影響する" と述べられている。

　報告書（1次）から小学校、中学校そして高等学校におけるキャリア教育の取組ならびに指導にあたる教員の姿勢・態度をみることができる。

①〈キャリア教育の計画で何を重視するか〉
　　＊カッコ内は調査校全体における割合
　・小学校
　　1位：様々な教科や領域・行事等、教育課程全体を通したキャリア教育
　　　　　を行われるようにすること（62.3%）
　　2位：児童の実態や学校の特色、地域の実態を把握し計画に反映させる
　　　　　こと（59.5%）
　　3位：発達の段階に応じたキャリア教育の実践が行われるようにするこ
　　　　　と（58.6%）
　・中学校
　　1位：社会人による講話など、職業や就労にかかわる体験活動を充実さ
　　　　　せること（89.3%）

9　調査は平成24（2012）年、第1次報告書は平成25（2013）年3月、第2次報告書は同年10月

2位：体験活動において、事前指導・事後指導を重視すること（86.5%）

3位：上級学校にかかわる体験活動を取り入れること（75.2%）

・高等学校

1位：具体的な進路（就職先や進学先等）の選択や決定に関する指導・援助を行うこと（81.1%）

2位：社会人による講話など、職業や就労にかかわる体験活動を充実させること（75.8%）

3位：生徒の実態や学校の特色、地域の実態を把握し計画に反映させること（74.0%）

　小中高と比べてみると特に小学校の特徴が表れている。全体の学校の取組は中高は1位から3位まで7割から8割の学校が計画に際して同じ項目を重要として一致している。これに対して小学校では6割前後と全体のばらつきが見受けられる。中高に比べて小学校ではキャリア教育への関心が低い。学校ならびに教員がキャリア教育に熱心ではないというよりは、小学校教育では教育活動全体での取組のなかでキャリア教育が行われていると捉えられる。

　中学校の特徴はすべての項目に「体験活動」が入っていることである。この結果をどう理解するかによって、よりよい体験を通したキャリア教育のあり方を中学校においては考えられるのではないだろうか。

　高等学校は卒業後のいわゆる進路に関して、生徒個人に目を向けた指導計画が立てられると言ってよいだろう。

②〈キャリア教育の現状〉

　キャリア教育の何を重視しているかが①の結果からわかった。教育の現状では、小中高の1位と2位は同じで、以下のようになっている。小学校の3位は"教員はキャリア教育に関して理解し、協力している（44.8%)"で、中学校においては4位、高校では5位である。①でみたように中学校（63.1%）、高等学校（62.4%）の指導内容の集中度は小学校に比べ高くなっている。

　　　１位：社会人による講話など、キャリア教育にかかわる体験的学習を実
　　　　　　施している（小83.4%、中97.8%、高81.5%）
　　　２位：キャリア教育の実践によって、児童生徒が自らの生き方を考える
　　　　　　きっかけになり得ている　（小55.7%、中79.2%、高76.1%）
　キャリア教育推進により、小中高どの学校種でも学校全体の教員がキャ
リア教育に関する理解を高め、社会人から現実の仕事の中身を聞いたり、
仕事を実際に体験したり、児童生徒が一人一人これからの自分の生き方を
考えるよう促していることがわかる。

(4)　キャリア教育の活動例

①　中学校―職場訪問から体験、卒業後の進路へとドリカムカードの作成
　　名古屋市立中学校の取組（詳細はベネッセコーポレーション『VIEW21』
　参照[10]）は、１年生から３年生へ段階的に将来を見つめ、目標を持ってし
　っかりと生きていくことを「視覚化」することで生徒に意識づけを行っ
　た。
　　１年生の職場訪問、２年生の職場体験の改善として「視覚化」が取り入
　れられた。１年生は自分の夢をドリームマップを作成し視覚化した。ドリ
　ームマップ普及協会の講師を招き指導をしてもらった。この背景には教員
　の負担軽減の校長の考えが反映されている。マップを作成し職場訪問後に
　は事後指導として訪問発表会を開き生徒間でレポートの内容を共有した。
　　２年生の職場体験でも事前・事後指導を徹底した。１年生同様に外部の
　力を借りプロの講師を招いてマナー講習会を開いたうえで、職場体験を実
　施した。体験後のお礼状を書くこと、送付、レポート作成そして発表会の
　事後指導を充実させた。職場は何も将来就きたい職業の現場とは限らな
　い、とはいっても仕事は一所懸命に取り組み、自分磨きの意識を期待する
　ことを意識して指導を行った。

10　ベネッセコーポレーション『VIEW21』Vol.14（2014.2.20）、学校事例２：愛知県名古屋
　　市立千鳥丘中学校「１年生から将来を考えさせ目標を持って今をしっかり進む」を参照

　中学校のキャリア教育の活動では、生徒一人一人が1年生からキャリア
ノートを作成することで、自分の夢、卒業後の進路選択、そして将来の人
生を視覚化することでのキャリア発達を促す意識づけを特徴として挙げる
ことができる。

② 　小学校―社会で生きていくための基礎づくり

　小学校のキャリア教育の活動を考える場合、前提として具体的な進路・
職業指導を推進するよりは、児童一人一人が社会で生きていくための基礎
を築くことが求められる。

　キャリア教育の研究推進校の足立区東伊興小学校では、この考え方にも
とづき、社会性を養い"社会で働くこと"を考えるために、「かかわる力」
「活用する力」「見通す力」「やりぬく力」を教育活動のなかに位置づけた。
この活動を学校のみで行うのではなく、児童にとって最も身近な社会人で
ある保護者との連携による取組のなかで、保護者に社会性の規範を示して
もらうことを大切にしている。（ベネッセコーポレーション『VIEW21［小
学版］2010 Vol.3』）

　6年生の職場体験学習は、保護者の職場を訪ねて保護者の働く様子を見
学しインタビュー行うなかで、児童に働くこと、働くやりがいや働く人の
思いなどを学んでほしいと企画されている。

　また、学年や学級において外部講師として地域の人々を教室に招き、戦
争体験を聞いたり、地域の農業などの仕事を身近に知る機会を設けてい
る。

　こうして児童は地域の人々と出会い、いろいろな学習を行う中で「人と
のかかわりを大切にするようになった」、また体験学習を通じて、「相手の
話をきちんと聞くこと、自分の考えを相手にしっかりと伝えることを覚え
た」と成果があがった。人々との出会いにより「将来社会で生きるための
コミュニケーションの基本が学べたのでは」、と研究主任教諭が報告して
いる。

　小学校の児童の成長発達段階においては、家庭の保護者さらに地域の
人々との協力連携が欠かせない。4つの力（表8－1）を育成するために

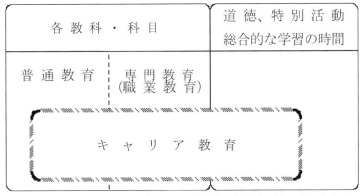

『キャリア教育推進の手引き』平成18（2006）年11月

図8−3　各教科等とキャリア教育（文科省）

は、教科指導や特別活動、道徳教育や総合的な学習の時間などにおいて、適切な教材や時間、児童の様子や学校の特徴を考慮した工夫が求められている。

　学校教育における教育課程の各教科や活動との関係を示したものが図8−3である。

　「小学校学習指導要領第1章総則　第4児童の発達の支援」は、児童の発達支援のために教育課程編成ならびに実施にあたっての配慮事項を挙げている。

　特に（1）から（3）は生徒指導にかかわるものである。（1）では、学校生活における児童を取り巻く人間関係づくりのための学級経営に言及している。学級経営の充実を図るために個々の児童の抱える問題への指導を工夫すること（たとえばカウンセリング等を用いた解決）へ考慮し、多様な児童の実態に配慮すること。（2）では、児童理解を深めながら学習指導と関連づけながら、児童の自己実現を図る生徒指導の充実のために生徒指導の3機能を発揮していくこと、に言及されている。そして（3）では、キャリア教育の充実のための特別活動を要と位置づけ生徒指導を行うことが述べられている。

（1）についての解説[11] のうちから、教員の行うべきことが示されている。

> 　学級は、児童にとって学習や学校生活の基盤であり、学級担任の教師の営みは重要である。…（略）…。学級経営を行う上で最も重要なことは学級の児童一人ひとりの事態を把握すること、即ち児童理解である。学級担任の教師の、日ごろのきめ細かい観察を基本に、…（略）…児童の気持ちを理解しようとする学級担任の教師の姿勢は、児童との信頼関係を築く上で極めて重要であり、愛情を持って接していくことが大切である。…（略）…
>
> 　学級経営に当たって、学級担任の教師は、校長や副校長、教頭の指導の下、…（略）…他の教職員と連携しながら学級経営を進めることが大切であり、開かれた学級経営の実現を目指す必要がある。また、充実した学級経営を進めるに当たっては、
>
> 　家庭や地域社会との連携を密にすることが大切である。特に保護者との間で、…（略）…児童理解、児童に対する指導の在り方について共通理解をしておく必要がある。…（略）…
>
> 　自己の生き方などに関わって、児童がよりよく適応し、主体的な選択やよりよい自己決定ができるよう、適切な情報提供や案内・説明、活動体験、各種の援助・相談活動などを学校として進めていくものであり、単なる事前の説明や資料配布に限定されるものではない。　以下略

　上記の総則編以外にも、キャリア教育に関する記述は各教科においても多く見られる。これらの記述はあくまでも基本を示すものであり、他の教育活動と同様に、キャリア教育においても各学校のある地域の状況、児童の実態を踏まえた組織的、系統的なよりよい教育活動ができるように、教

11　『小学校学習指導要領（平成29（2017）年告示）解説 総則編』平成29（2017）年7月（初版）96-98頁

第2節　学校におけるキャリア教育

育課程を見直し、改善、充実させることが求められている。足立区東伊興小学校の活動内容からも教育課程の内容の改善、変更が確認できる。

学習指導要領における、キャリア教育に関する事項を以下に掲げてみる。

「生き方」「体験・活動」「生活」「人間関係」「役割・仕事」など、キャリア教育の目標が目指す社会的な自立のために、他者とのかかわり、係活動などの指導が目指す様々な仕事や役割を通した指導の重要なことを改めて確認できる。

表8−3　小学校学習指導要領におけるキャリア教育に関連する主な目標・内容等（文科省）

総　則	第3　総合的な学習の時間の取扱い (2)　総合的な学習の時間においては、次のような方ねらいをもって指導を行うものとする。 (1)　自ら学ぶものの見方や考え方を身に付け、問題の解決や探究活動に主体的、創造的に取り組む態度を育て、自己の生き方を考えることができるようにすること。 6　総合的な学習の時間の取扱い (2)　自然体験やボランティア活動などの社会体験、観察・実験、見学や調査、発表や討論、ものづくりや生産活動など体験的な学習、問題解決的な学習を積極的に取り入れること。 第5　指導計画の作成等の配慮すべき事項 2　以上のほか、次の事項に配慮するものとする。 (4)　各教科等の指導に当たっては、児童の学習課題や活動を選択したり、自らの将来について考えたりする機会を設けるなど工夫すること。
道　徳	第1　目標 (略〜)学校の教育活動全体を通じて、道徳的な心情、判断力、実践意欲と態度などの道徳性を養うこととする。 第2　内容 1　主として自分自身に関すること 2　主として他の人とのかかわりに関すること 3　主として自然や崇高なものとのかかわりに関すること 4　主として集団や社会とのかかわりに関すること
特別活動	第1　目標 望ましい集団活動を通して、心身の調和のとれた発達と個性の伸長を図るとともに、集団の一員としての自覚を深め、協力してよりよい生活を築こうとする自主的、実践的な態度を育てる。 第2　内容 A　学級活動 学級活動においては、学級を単位として、次の活動を行うこと。 (1)　学級や学校の生活の充実と向上に関すること。 学級や学校における諸問題の解決、学級内の組織づくりや仕事の分担処理など (2)　日常の生活や学習への適応及び健康安全に関すること。 希望や目標をもって生きる態度の形成、基本的な生活習慣の形成、望ましい人間関係の形成、学校図書館の利用、心身ともに健康で安全な生活態度の形成、学校給食と望ましい食習慣の形成など D　学校行事 学校行事においては、学校生活に秩序と変化を与え、集団への所属感を深め、学校生活の充実と発展に資する体験的な活動を行うこと。 (5)　勤労生産・奉仕的行事 勤労の尊さや生産の喜びを体得するとともに、ボランティア活動などの社会奉仕の精神を養う体験が得られるような活動を行うこと。 第3　指導計画の作成と内容の取扱い 1　指導計画の作成に当たっては、次の事項に配慮するものとする。 3　よりよい活動を行う 学級活動などにおいて、児童及び現在及び将来の生き方を考えることができるよう工夫すること。
	各教科の「目標」の中でキャリア教育に関連が深いと思われる箇所
国　語	国語を適切に表現し正確に理解する能力を育成し、伝え合う力を高めるとともに、思考力や想像力及び言語感覚を養い、国語に対する関心を深め国語を尊重する態度を育てる。 (1)　相手に応じ、経験したことや想像したことなどについて、事柄の順序を考えながら話すことや大事なことを落とさないように聞くこと（他学年別第1学年及び第2学年）、話し合おうとともに、話し合うことができるようにすること（第1学年及び第2学年）。
社　会	社会生活についての理解を図り、我が国の国土と歴史に対する理解と愛情を育て、国際社会に生きる民主的、平

135

和的な国家・社会の形成者としての必要な公民的資質の基礎を養う。

(1) 地域の産業や消費生活の様子，人々の健康な生活や安全を守るための諸活動について理解できるようにし，地域社会の一員としての自覚をもつようにする。〔第3学年及び第4学年〕
(2) 地域の地理的環境，人々の生活の変化や地域の発展に尽くした先人の働きについて理解できるようにし，地域社会に対する誇りと愛情を育てるようにする。〔第3学年及び第4学年〕
(3) 地域における社会的事象を観察，調査し，地図や各種の具体的資料を効果的に活用し，調べたことを表現するとともに，地域の社会的事象の特色や相互の関連などについて考える力を育てるようにする。〔第3学年及び第4学年〕（他学年略）
(1) 我が国の産業の様子，産業と国民生活との関連について理解できるようにし，我が国の産業の発展に関心をもつようにする。〔第5学年〕
(2) 我が国の国土の様子について理解できるようにし，環境の保全の重要性について関心を深めるようにするとともに，国土に対する愛情を育てるようにする。〔第5学年〕
(1) 国家・社会の発展に大きな働きをした先人の業績や優れた文化遺産について興味・関心と理解を深めるようにするとともに，我が国の歴史や伝統を大切にし，国を愛する心情を育てるようにする。〔第6学年〕
(2) 日常生活における政治の働きと我が国の政治の考え方及び我が国と関係の深い国の生活や国際社会における我が国の役割を理解できるようにし，平和を願う日本人として世界の国々の人々と共に生きていくことが大切であることを自覚できるようにする。〔第6学年〕

算　数	数量や図形についての算数的活動を通して，基礎的な知識と技能を身に付け，日常の事象について見通しをもち筋道を立てて考える能力を育てるとともに活動の楽しさや数理的な処理のよさに気付き，進んで生活に生かそうとする態度を育てる。
理　科	自然に親しみ，見通しをもって観察，実験などを行い，問題解決の能力と自然を愛する心情を育てるとともに自然の事物・現象についての理解を図り，科学的な見方や考え方を養う。 (2) 光，電気及び磁石を働かせたときの現象を比較しながら調べ，見いだした問題を興味・関心をもって追究したりものづくりをしたりする活動を通して，光，電気及び磁石の性質についての見方や考え方を養う。〔第3学年〕（他学年略）
生　活	具体的な活動や体験を通して，自分と身近な人々，社会及び自然とのかかわりに関心をもち，自分自身や自分の生活について考えさせるとともに，その過程において生活上必要な習慣や技能を身に付けさせ，自立への基礎を養う。 (1) 自分と身近な人々及び地域の様々な場所，公共物などとのかかわりに関心をもち，それらに愛着をもつことができるようにするとともに，集団や社会の一員として自分の役割や行動の仕方について考え，適切に行動できるようにする。〔第1学年及び第2学年〕 (2) 自分と身近な動物や植物などの自然とのかかわりに関心をもち，自然を大切にしたり，自分たちの遊びや生活を工夫したりすることができるようにする。〔第1学年及び第2学年〕 (3) 身近な人々，社会及び自然に関する活動の楽しさを味わうとともに，それらを通して気付いたことや楽しかったことなどを言葉，絵，動作，劇化などにより表現できるようにする。〔第1学年及び第2学年〕
音　楽	表現及び鑑賞の活動を通して，音楽を愛好する心情と音楽に対する感性を育てるとともに，音楽活動の基礎的な能力を培い，豊かな情操を養う。 (1) 楽しい音楽活動を通して，音楽に対する興味・関心をもち，音楽経験を生かして生活を明るく潤いのあるものにする態度と習慣を育てる。〔第1学年及び第2学年〕（他学年略）
図画工作	表現及び鑑賞の活動を通して，つくりだす喜びを味わうようにするとともに造形的な創造活動の基礎的な能力を育て，豊かな情操を養う。 (1) 豊かな発想や創造的な技能などを働かせ，その体験を深めることに関心をもつとともに，進んで表現する態度を育てる。〔第3学年及び第4学年〕（他学年略）
家　庭	衣食住などに関する実践的・体験的な活動を通して，家庭生活への関心を高めるとともに日常生活に必要な基礎的な知識と技能を身に付け，家族の一員として生活を工夫しようとする実践的な態度を育てる。 (1) 衣食住や家族の生活などに関する実践的・体験的な活動を通して，家庭生活を支えているものが分かり，家庭生活の大切さに気付くようにする。〔第5学年及び第6学年〕 (2) 製作や調理など日常生活に必要な基礎的な技能を身に付け，自分の身の回りの生活に活用できるようにする。〔第5学年及び第6学年〕 (3) 自分と家族などとのかかわりを考えて実践する喜びを味わい，家庭生活をよりよくしようとする態度を育てる。〔第5学年及び第6学年〕
体　育	心と体を一体としてとらえ，適切な運動の経験と健康・安全についての理解を通して，運動に親しむ資質や能力を育てるとともに，健康の保持増進と体力の向上を図り，楽しく明るい生活を営む態度を育てる。 (2) だれとでも仲よくし，健康・安全に留意して運動をする態度を育てる。〔第1学年及び第2学年〕（他学年略） (2) 協力，公正などの態度を育てるとともに，健康・安全に留意して最後まで努力する態度を育てる。〔第3学年及び第4学年〕（他学年略） (3) けがの防止，心の健康及び病気の予防について理解できるようにし，健康で安全な生活を営む資質や能力を育てる。〔第5学年及び第6学年〕（他学年略）

『キャリア教育推進の手引き』平成18（2006）年11月

第3節　キャリア教育と進路指導、職業指導

　生徒指導は教科（学習）指導と両輪となり、学校の教育目標を達成する不可欠な指導である。小学校・中学校・高等学校のどの段階においても、生徒指導担当教員はいるが教員全員が指導を行う。教科指導と同じである。

(1)　進路指導

　"進路指導は、生徒が自ら、将来の進路選択・計画を行い、就職又は進学をして、さらには将来の進路を適切に選択・決定していくための能力をはぐくむため、学校全体として組織的・体系的に取り組む教育活動である。"（「提要」4頁コラム）

　就職や進路という言葉を除けば、進路指導は生徒自身が自らの将来設計から目的を持って、自らの人生の道を切り開いていくための能力・態度を身につける指導、支援である。これは生徒指導が自己実現を図るために自己指導能力を育て、将来的な「自立」を促す活動であることと、変わりはない。

　このように進路指導の理念、概念はキャリア教育との間に差は見られない。

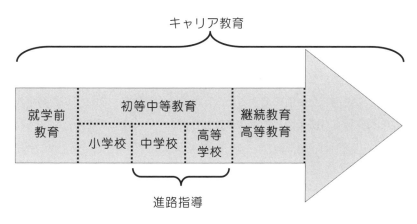

図8−4　キャリア教育と進路指導との関係（文科省）

　図8−4からわかるように、就学前段階から高等教育へ継続的に行われる
「キャリア教育」に対して、「進路指導」は中学校・高等学校に限定される教育
活動である。
　進路指導の現状は、
　・担当教員とその他の教員との連携が十分に整っていない学校がある。
　・一人一人の生徒の発達を、組織的・体系的に支援する意識や姿勢の課題が
　　ある。
　・指導計画における様々な活動の関連性、系統性が明確になっていない。
　この現状からは、進路指導がただの「出口指導」[12]になっていないか、生徒
の将来を考える意識の変容、態度の変化に結びついていないか、などと課題が
考えられる。[13]
　このような現状は各地域、学校ではその他にも課題として挙げられるだろ
う。従来から「生き方やあり方の指導」と呼ばれてもきた進路指導とキャリア
教育の関係は、社会の変化を反映しているとも考えられる。
　日本が戦後の時期を経て新たに高度成長期を迎えた昭和40、50年代は、現代
の若者の社会観職業観とは異なって、卒業後の進学・就職が将来の生徒個人の
社会生活や職業生活に少なからず影響を与えていた。学校は入学・就職試験の
合格を目指す指導に力を入れざるを得なかったといえる。
　キャリア教育が今一人一人の子供の将来を見据えた人生設計を立てられるよ
うに、長期的な展望のもとで指導を行っていることとの違いは理解できるだろ
う。「どう生きるか、どう生きたいのか」という問いに真摯に向き合い、子供
たちが悩み葛藤しながら自らの答えを出すことを支援する考え方より、どんな
仕事をして安定した生活ができるか、目の前の選択に目を向けていた高度成長
期の時代の反省も踏まえたキャリア教育を考えていくことである。

12　入学・就職試験に合格させるためだけの支援や指導を実行する進路指導
13　東京都教育委員会「キャリア教育と進路指導」

(2)　職業指導

　進路指導は高度成長期には特に、学歴や学校歴が偏重される傾向が強く続いた。進路指導が受験偏重になる前の昭和30年代前半（1955年から60年）までは「職業指導」と呼ばれていた。当時の文部省の記述は次のとおりである。

　"学校における職業指導は、個人資料、職業・学校情報、啓発的経験及び相談を通じて、生徒みずからが将来の進路の選択、計画をし、就職又は進学して、さらにその後の生活によりよく適応し、進歩する能力を伸長するように、教師が教育の一環として、組織的、継続的に援助する過程である。"[14]

　この内容は進路指導、キャリア教育に通じている。職業教育は専門的な知識や技能を学校教育で完成させるとは捉えないで、生涯学習の視点からの教育を考えていく。したがって、学校は子供たちの卒業後、社会への円滑な移行を見通した学校教育における知識・技能を把握し教育課程での指導を編成していく必要がある。高校においては、これらの知識・技能が具体的な職業に必要なものとして指導を行う学校がある一方、普通科のように卒業後の進路が具体化しない、即ち社会・職業との関連が比較的薄い学校の場合は、職業教育の内容の工夫を行っていく必要がある。

　職業指導とキャリア教育の関係を、①育成する力、②教育活動の違いを文科省の答申案[15]でみると以下のようになる。

①　育成する力
・キャリア教育：一人一人の社会的・職業的自立に向け、必要な基盤となる能力や態度
・職　業　教　育：一定又は特定の職業に従事するために必要な知識、技能、能力や態度

②　教育活動
・キャリア教育：普通教育・専門教育を問わず様々な教育活動のなかで実

14　文部省「職業指導の手引―管理・運営編」昭和30（1955）年
15　文科省「キャリア教育・職業教育の課題と基本的方向性」（『今後の学校におけるキャリア教育・職業教育の在り方について（答申案）』平成23（2011）年）

施される。職業教育も含まれる。

・職　業　教　育：具体的な職業に関する教育を通して行われる。この教育
は、社会的・職業的自立に向けて必要な基盤となる能力
や態度を育成する上でも、極めて有効である。

第4節　「自立」について

生徒指導は自己指導能力を身につけ「自立」した人間を育てることを目的としている。キャリア教育も社会的・職業的「自立」を目指している。

「自立」と言えば何を連想するだろう。独立、依存しないこと、自己責任、自己の判断・行動、自己肯定感、自己存在感、自己指導能力、自分の主人は自分・・・。

大学生に "あなたは自立していますか？" と尋ねたら、7割ほどが自立していないと応えた。経済的に親に頼っている、他人の考えを参考にして行動する、精神的な自立ができていない、など様々であった。

そこで宮崎駿監督のアニメーション映画として、大きな興行成績を樹立した『千と千尋の神隠し』の主人公千尋の成長をみながら、「自立」と「仕事」について考えてみたい。まずは物語のあらすじを紹介する。

<あらすじ>

主人公の小学4年のひとり娘の "千尋" は、自分からは何も行動を起こそうとしないひ弱な現代っ子である。引っ越し先へ向かう途中で、不思議な町に入り込んでしまう。町の掟を破り豚になった両親の姿を見て逃げるが、もと来た道がなくなってしまい帰れなくなる。

謎の少年・ハクの手引きによって、湯婆婆という欲深な魔女が経営する湯屋で、"千" という名前になって働くことになる。両親を助け、無事に帰るには神様たちが傷や病気を癒すための湯屋で働かなければならない。自分の名前をなくし "千" になったが、思いがけない湯屋での経験が千尋の

成長を促すことになる。

　人間の子どもを受け入れようとしない湯屋の従業員のなかで、初めは心細さに涙を流す千尋であった。寂しさに浸る間もないくらい仕事に追われ、働くことになったのは、湯婆婆が働かない者はみんな虫けらやほかのものに変えてしまうからであった。千尋も働かなければ豚にされ食べられると思い、そうなれば両親を助けることができなくなるので、必死になって働いた。ボイラー焚きの釜爺や先輩のリンに励まされながら、何もできない小4の女の子が「礼儀」を知り、仕事を覚えていく。

　今まで経験したことのない逆境の中、意外な適応力を発揮して働き始める千尋は、やがて怪我をしていた名のある川の主の傷を癒したり、他人とうまく交流できないカオナシの魂を解放へと導いていく。そんな中、湯婆婆の命令で彼女の双子の姉・銭婆から魔法の印鑑を盗んだハクが、銭婆の魔術によって瀕死の重傷を負ってしまう。ハクを助けたい一心の千尋は、危険を省みず銭婆の元へ印鑑を持って詫びに行くが、それは初めて千尋が他人の為に何かをすることだった。お陰で、ハクは命を落とさずにすんだ。ハクが、千尋が幼い頃に落ちた琥珀川の主であることも判明する。湯屋へ帰った千尋は湯婆婆に両親を返して貰い、無事、人間の世界へ戻って行く。

　最初に入ってきたときと同じトンネルを通りぬけるまで、ハクとの約束により、振り返ることをしなかった千尋が、トンネルを抜け出た時はじめて振り返った。そのとき銭婆からもらった髪留めが「キラリ」と光った。千尋の両親は豚にされたことなどまったく覚えておらず、ほんの束の間の散歩から帰った感じで自動車に戻った。自動車が落ち葉などで汚れていることに少しは驚いていた。髪留めの輝きが湯屋での千尋に起きた出来事（＝成長）が真実だったことを証明している。千尋の顔がトンネルに入る前とはまったく違う、きりりとした表情で描かれていることからも、私たちは千尋の成長を見ることができる。

　宮崎駿は『千と千尋の神隠し』を冒険物語であると言う。ひ弱などこにもいそうな少女は冒険とはほど遠い。冒険は誰かを助けるためでも、財宝を探し出

すものでもない。少女自身の「成長」のための冒険である。ひ弱な現代っ子の少女が「自立」する様子を描くことで、宮崎の「成長」についての考え方を私たちは受け取ることができる。

　両親と一緒に生活していた現実の世界では、少女のキャリア発達は望めなかっただろう。たとえ彼女のなかにもともとその力があったとしても。ところが湯屋で「仕事」をもらい、「働く」ことのなかで今まで経験したこともない逆境のなかに身を置くことになった。少女の冒険すなわち社会的・職業的自立への活動は、両親やハクを助けるために、自分がやらなければならないことを自覚することにより始まった。

　従業員たちの適切な少女への働きかけが繰り返されて、少女の人間関係や働くことについての学びを促し、「成長」への強力な後押しになった。後押しがなければ逆境も乗り越えることはできなかっただろう。

　普段は気づかず、自分自身の奥にしまわれていた力が、従業員の適切な働きかけによって発揮され、自らのまわりに起こる問題を解決していった。宮崎は"本人も気がつかなかった適応力や忍耐力が沸き出し、果断な判断力や行動を発揮する生命を、自分が抱えている事に気づくはずだ。"と映画のパンフレットに書いている。本来、「成長」は自らのもっている力が、まわりの者の適切な働きかけによって、開花し、宮崎が述べるように、本人も気がつかない間に生き生きと発揮されることだろう。

　学校のキャリア教育における社会的・職業的自立や生徒指導を含めた活動全体で「自立」を目指す教育活動において、誰が湯婆婆や釜爺、リンとなるのだろうか。それは担任であり、そのほかの教職員であり、さらに保護者や地域の学校にかかわる人々といえる。湯屋の従業員たちが少女を信じて働きかけを繰り返していったように、一人一人の児童の「成長」を信じた教育活動が、これらの人たちに求められている。

　少女の「成長」は、湯屋での「仕事＝働く」ことを通して達成される。仕事はお金を稼ぐためのものだけでなく、それ以上に、誰かのため（両親やハク、カオナシ）に携わることが大事なことを、ファンタジーの力を借りて描いている。お金を筆頭に物欲の塊となったカオナシに対して、"あなたに私の欲しい

ものは出せない！"、と言ったとき、少女は、誰かのために働くという「仕事」の意味を確実に理解していた。少女がお金を欲しがるだろうと思っていたカオナシに、名のある川の主からもらった苦団子を与えるのは、カオナシとのかかわりを大切にしたからである。それは湯屋の従業員から、少女が学んだ人間関係、人とのつながりを大切にすることの実践でもある。カオナシへのこの行為は、少女が自ら他者のために行った行動と言えるだろう。それはハクを助ける行動を「動」とすれば、「静」的な行動として捉えられるかもしれない。

　担任としてあるいは授業者として学級において、学級の誰かのために働くことの大切さを子供たちに教えていくことは、キャリア発達につながる大切な仕事である。映画のような逆境という条件を設定しなければ、子供は他人のために働くことの大切さを知ることはできないだろうか？

　逆境では思いもかけない力を人間が発揮する。それを映画は強調して描いている。学校においても教員は日常の子供たちの行動において、彼らの創造力や発想力、決断力、行動力などに驚かされる。子供の思いがけない行動や発言は、突然わき出したのではなく、教員との相互関係が基本になってもたらされたものである。教員の意図的な発問に対する子供の答えや反応をしっかりと吟味し、新たな発問や働きかけを、教員は地道に繰り返していくことが大切である。こうした素地づくりから、子供たちの思いがけない力が発揮される状況がつくりだされていくと考える。

　このような活動を通して、最後のシーンで少女の髪留めがキラリと光るように、学級において子供自身が自らの「成長」を確認できることが期待できる。教員の仕事も子供のこの輝きの瞬間を見ることができる素晴らしい仕事である。

◎自立

　湯屋の従業員の適切な働きかけが千尋の「自立」を促しそれが成長へとつながっていった。この働きかけは単なる働きかけではなく、働きかけた者たちはみんな千尋の成長を信じていた。

　ススワタリの仕事を手伝った際に、"やるなら最後までやれ"と釜爺は言っ

た。何もできない千尋を"どんくさいね"と言ったリン。釜爺もリンも仕事には厳しかった。彼らから千尋は仕事の厳しさを学んだ。今までの千尋であれば仕事を投げ出しただろう。なぜそうしなかったか。その背景には、釜爺とリンの優しさを千尋が感じ取ったことがあると思う。

　見ず知らずの人間の子供を"ワシの孫だ"と釜爺が何気なくかばってくれた。リンはしょうがないねと言いながらも、面倒がらずに一から仕事を教えてくれた。彼らの言葉や態度を千尋はしっかりと受け止めた。

　こうして仕事をすることを知った千尋は、オクサレ様の臭いにおいに耐えて嫌がらず「自分に与えられた仕事を全う」できた。その結果、湯婆婆から褒められた。

　『千と千尋の神隠し』は千尋の成長を描いている。その成長には「自立」していく千尋の姿を認められる。

　大辞泉によれば、自立は"他への従属から離れて独り立ちすること。他からの支配や助力を受けずに存在すること"とある。湯屋に入る前の千尋、湯屋で働く千そして再びトンネルを抜けてきた千尋、その髪にはきらりと光った髪留めが鮮やかに描かれてた。自分の意志で判断し行動し責任をとるという千尋の「自立」は、湯屋の従業員や湯婆婆、銭婆に支え助けられながら獲得されたものである。

　辞書には他からの助力を受けずにとあるが、私たち人間は他の人とのかかわりを持ちながら自立へと向かい成長していく。「自立」の英語に independence とある。私は「自立」を考えるときに independence ではなく、鷲田清一氏の考え方から、人とのかかわりのなかで培われる「自立」の考えを採りたい。

　"社会から迫られる「自己責任」や「自立」も、けっして「独立」（つまり非依存 in-dependence）を意味するのではなく、むしろ「支えあい」（つまり相互依存 inter-dependence）のネットワークをいつでも駆動させることのできる用意が各々にできていることという意味で理解しなければならない。"[16]

16　鷲田清一『しんがりの思想』角川新書、2015年

INDEX
索引

味形　修（みかた・おさむ）

明星大学教育学部常勤教授

著書　『総合演習』（共著、明星大学出版部）

　　　『生徒指導』（明星大学出版部）

第2版 子供とともに歩む生徒指導

2020年12月1日　第2版　第1刷
2024年1月22日　第2版　第4刷

著　者　味　　形　　　　修
発行者　落　　合　　一　　泰
発行所　明　星　大　学　出　版　部
〒191-8506 東京都日野市程久保2-1-1
電話　042-591-9979

印刷・製本　信濃印刷株式会社
ISBN978-4-89549-228-7